Schwäbische Alb Ost

Plochingen
Reichenbach a.d.F.
Göppingen
Deizisau
Hochdorf
Albershsn.
Uhingen
Wernau
E.-Roßwälden
Köngen
Wendlingen
Steinbach
No.-Wellingen
Schlierbach
Riedenhof
U.-Sparwiesen
Notzingen
Hattenhofen
Bezgenried
Heiningen
Ötlingen
Kirchheim unter Teck
Ohmden
Zell
Boll
Oberboihgn.
Lindorf
Jesingen
Holzmaden
Aichelbg.
Bad Boll
Dürnau
Gammelshsn.
Eschenb.
Nü.-Reudern
Schwäbische Dichterstraße
Nürtingen
Dettingen u. Teck
K.-Nabern
Weilheim a.d.Teck
Herzogenau
Kornberg
B.D.-Auendorf
Schwäb. Dichterstr.
Bissingen a.d.Teck
Limburg
W.-Pfundhard
W.-Häringen
Gruibingen
Bad Ditzenbach
Frickenhausen
Fr.-Linsenhofen
Owen
Teck
Hahnenkamm
W.-Hepsisau
B.-Ochsenwang
Neidlingen
Mühlhausen im T.
Beuren
Baßgeige
L.-Brucken
Rauber
Unterlenn.
Diepoldsburg
Randecker Maar
Reußenst.
Wiesensteig
Neuffen
Hohen-neuffen
Kohlberg
St. Martin
Erkenbrechtswlr.
Sulzburg
Lenningen
Wielandstn.
L.-Oberlenn.
L.-Krebsstein
Gutenberg
L.-Schopfloch
Hohenstadt
Schwäbische Albstraße
Schertelshöhle
Dettingen a.d. Erms
D.-Buchh.
Grabenstetten
Hofen
L.-Schlattstall
Sperberseck
Römerstein
R.-Donnstetten
Westerheim
Hülben
Falkensteiner Höhle
R.-Strohweiler
Urach
Warte
Hohenurach
Wasserfall
R.-Böhringen
Egelsee
We.-Heuberg
Laichingen
U.-Hengen
R.-Zainingen
Schwäb. Dichterstraße
L.-Feldstetten
Hohler Stein
R.-Aglishardt
U.-Wittlingen
U.-Sirchingen
Würtingen
St. J.-Upfingen
Baldeck
St. Johann
U.-Seeburg
Uhenfels
H.-Sontheim
Heroldstatt
H.-Ennabeuren
Sontheimer Höhle
St. J.-Gächingen
Birkenhof
M.-Riethm.
M.-Trailfingen
M.-Dottingen
M.-Breithülen
Langer Bauer
M.-Böttingen
M.-Magolsheim
G.-Steingebronn
M.-Auingen
Münsingen
Fauserhöhe
G.-Offenhsn.
Gomadingen
Grafeneck
Sternberg
Sch.-Ingstetten
Regenbürren
Sch.-Justingen
G.-Marbach
Sch.-Gundershfn.
Justingen
Klost. Urs.
Oberheutal
G.-Dapfen
G.-Wasserstetten
M.-Apfelstetten
Mehrstetten
Sch.-Sondernach
Sch.-Hütten
Teurings-hfn
Bernloch
Hochberg
Blankenst.
Unterheutal
Talsteußlgn.
M.-Buttenhsn.
Haldenegg
Ho.-Eglingen
Fladhof
Machtelsbg.
Heuhof
Eh.-Tiefenhülen
A.-Ennahofen
Ho.-Ödenwaldst.
M.-Hundersingen
Mü.-Bremelau
A.-Grötzingen
A.-Weilersteußlgn.
Ermelau
Ludwigshof
Roßhäuptle
Mü.-Bichishsn.
Steighof
Mü.-Dürrenstetten
Eh.-Frankenhfn.
Allmendingen
Ödenburg
Mü.-Gundelfingen
Niedergundelfgn.
Hohengundelfgn.
Gr. Lautertal
Maßhalderbuch
Ha.-Ehestetten
Lutherische Berge
Münsinger Alb
Hohe Schwabenalb
Reußenstein
Kirchhm.
Aichelbg. Viadukt

Kitzen
Dangelhof
Winzingen
L.-Nenningen
Kreuzbg. H.
Lauterstein
746
Schöner Berg
Heidhöfe
Hausknecht
Gnannenwlr.
Steinheim a.A.
Do.-Reichenbach
Straße der Staufer
Grünbach
Salach
Messelhof
Geislinger H.
B.-Treffelhsn.
Böhmenkirch
Neuselhalden
Donzdorf
St.-Söhnstetten
St.-Sontheim
466
18
Süßen
B.-Schnittlingen
Trasenbg.
Schwäb. Albstr.
Weckerstell
B.-Steinenkirch
Hochberg
647
Küpfendorf
Scharfenbg.
Unt.
735
Gingen a.d. Fils
Kuchalb
13
G.-Stötten
Heidenhmr. H.
Ger.-Gussenstadt
Ger.-Heuchstetten
Erpfenhauserhof
G.-Eybach
G.-Waldhausen
Ugenhof
Spitzenbg.
Kuchen
Geislingen a.d. St.
674
Gerstetten
Rübingerhof
B.U.-Oberböhringen
750
711
G.-Weiler ob Helfenstn.
A.-Schalkstetten
Neuburghof
Michelsberg
466
Ziegelhütte
A.-Bräunishm.
Ger.-Heldenfingen
B.U.-Hausen a.d.F.
681
Hofstett
Ger.-Sontbergen
690
Bad Überkingen
Wittingen
Ziegelwald
A.-Stubershm.
682
Zähringen
Kuhberg
Ger.-Heuchl.
G.-Aufhsn.
Bühringen
652
G.-Türkheim
Amstetten
A.-Hofstett-Emerbuch
Altheim (Alb)
Mehrstetten
Amst.-Bahnhof
Söglingen
Her.-Hausen
Ettlenschieß
A.-Reutti
24
Ballendorf
Schechstetten
680
Weidenstetten
L.-Urspring
Lonsee
L.-Sinabronn
Neenstetten
Nellingen
Börslingen
721
L.-Halzhausen
Holzkirch
Merklingen
32
Aichen
A8
L.-Radelstetten
L.-Luizhausen
Westerstetten
Breitingen
572
A7
11
Nerenstetten
N.-Wettingen
D.-Scharenstetten
Langenau
Hinterdenkental
Filde
Bernstadt
470
E 11
Vorderdenkental
Stuppelau
L.-Machtolsheim
D.-Temmenhsn.
Eiselau
La.-Hörvelsingen
Osterstetten
Langenau
B.-Treffensbuch
D.-Tomerdingen
Beimerstetten
La.-Albeck
Dornstadt
17
Witthau
Berghülen
Blst.-Bermaringen
Böttingen
Hagen
La.-Göttingen
Elchingen
B.-Bühlenhausen
D.-Bollingen
Ulm-West
Ulm-Ost
Elchingen
Hohenstein
Lerchenfeld
U.-Jungingen
Kloster-K.
554
Kugelberg
668
Kesselbronn
Blaub. Hessenhöfe
Bl.-Asch
Blst.-Weidach
U.-Mähringen
U.-Lehr
E.-Thalfingen
Blst.-Wippingen
Herrlingen
Blaustein
Böfingen
N.-U.-Burlafingen
Bl.-Sonderbuch
Ehrenstn.
10
Ulm
Seißen
Blaubeuren
Rusenschl.
Arnegg
28
Pfuhl
Blst.-Dietingen
16
Münster
Neu-Ulm
Gerhausen
Söflingen
Schwaighofen
Bl.-Beiningen
Blst.-Markbronn
U.-Harthsn.
U.-Ermingen
N.-U.-Finningen
Ho.-Neuhsn.
Hohler Fels
Gleißenburg
Blb.-Erstetten
Allewind
Schaffelkgn.
Grimmelfgn.
Ludwigsfeld
Schelklingen
Bl.-Sotzenhsn.
Bl.-Pappelau
569
Heiligenbg.
U.-Eggingen
Kloster-K. St. Martin
N.U.-Reutti
685
Egelsberg
Steinenfeld
311
Wiblingen
12
N.U.-Jedelhsn.
Tiefenbr.
Werzlen
U.-Einsingen
N.U.-Hausen
N.U.-Holz
634
Pfifferlingsbg.
Er.-Ringingen
Oberschwäbische Barockstraße
Wernau
U.-Gögglingen
I.-Unterkirchbg.
N.U.-Gerlenhfn.
N.U.-Aufheim
Weiler
Altheim
E.-Bach
Erbach
30
U.-Unterwlr.
Iller-kirchberg
S.-Hittistt.
Allm.-Pfraunstetten
E.-Donaurieden
Donaustetten
Ob.-Buch
Essendorf
Senden

Spraitbach
Ruppertshfn.
E.-Holzhausen
Schechingen
Göggingen
Heuchlingen
Abtsgmünd
Aa.-Dewangen
Aa.-Fachsenfeld
Wasseralfingen
Durlangen
Leinzell
Iggingen
S.G.-Lindach
Mutlangen
Böbingen
Mögglingen
Aalen
Schwäbisch Gmünd
Schwäbische Dichterstraße
Essingen
Heubach
Oberkochen
Bartholomä
Königsbronn
Waldstetten
S.G.-Rechberg
Wa.-Wißgoldingen
Lauterstein
Steinheim a.A.
Böhmenkirch
St.-Söhnstetten
St.-Sontheim
Donzdorf
Süßen
Schwäb. Albstr.
Gingen a.d.Fils
G.-Eybach
Ger.-Gussenstadt
Gerstetten
Geislingen a.d.St.
Bad Überkingen
Amstetten
Altheim (Alb)
Weidenstetten
Lonsee
Nellingen
Merklingen
Westerstetten
Bernstadt
Langenau
Ziegelwald
Hausknecht
Schöner Berg
Bärenberg
Kaltes Feld
Bernhardsberg
Albuch
Heidenheimer Alb
Stubersheimer Alb

Westhausen
Stetten
L.-Röttingen
Meisterstall
K.-Jagstheim
Benzen-zimmern
Wallerstein
W.-Westerhfn.
Gromberg
Barnberg
Kirchheim a.R.
W.-Ehringen
Nö.-Löpsingen
L.-Kapfenburg
Lauchheim
Ipf
Oberdorf
R.-Goldburghsn.
Bopfingen
Riesbürg
Baldingen
Nördlingen
Romantische Straße
B.-Aufhausen
L.-Hülen
Schenkenstn.
Flochberg
Schloss Berg
B.-Trochtelfingen
R.-Pflaumloch
St. Georg
Aa.-Arlesberg
Aa.-Simmiswlr.
Michelfeld
Hohenbg.
Dorfen
N.-Nähermemmgn.
N.-Klein-erdlingen
Reimlingen
651
B.-Oberriffingen
B.-Härtsfeldhsn.
Riesb.-Utzmemmgn.
Nö.-Holheim
Nö.-Herkhm.
Aa.-Beuren
B.-Unterriffingen
Aa.-Waldhsn.
Affalterwang
Hohenlohe
Härtsfeld
Ne.-Dehlingen
Ederheim
Schmähingen
E.-Hürnheim
Ne.-Dorfmerkingen
Ne.-Weilermerkingen
Niederhaus
Hochhaus
Ne.-Elchingen
Mörtingen
Ne.-Schweindf.
644
Niesitz
Diepertsbuch
Schwäb. Albstraße
621
E.-Christgarten
Karlshof
612
1988
Ne.-Ohmenhm.
Dossingen
Ne.-Stetten
Ne.-Hohlenstein
Nietheim
Mariabuch
Forheim
H.-Großkuchen
Neresheim
Ne.-Kösingen
A.-Bollstadt
F.-Aufhausen
Hochdf.
Rotensohl
Steinweiler
Egau
Hofen
B.-Oberringngn.
645
Klein-kuchen
D.-Frickingen
Iggenhsn.
Amerdingen
B.-Unterring.
Rudelsberg
651
N.-Auernheim
B.-Zoltingen
D.-Katzenstein
D.-Dunstelkgn.
D.-Eglingen
Härtsfeld-see
N.-Fleinheim
Schnaithm.
Ramenstein Höhle
Nattheim
D.-Osterhofen
Schrezheim
570
Dischingen
Liezheimer Forst
D.-Taxis
Duttenstein
520
635
Heidenheim
Wahlberg
D.-Trugenhfn.
L.-Unterliezheim
Z.-Reistingen
Wagenhofen
Heidenheim a.d.Br.
H.-Oggenhausen
S.-Zöschingen
D.-Ballmertshfn.
D.-Demmingen
Syrgenstein
Sy.-Staufen
Sy.-Altenbg.
Z.-Dattenhsn.
Finningen
Ziertheim
Sy.-Ballhsn.
Lutzingen
520
597
Bernau
Sy.-Landhsn.
B.-Burghagel
Mödingen
M.-Bergheim
B.-Oberbechingen
Kl. Maria Mödingen
Bachhagel
464
G.-Hohenmemmingen
Wittislingen
F.-Mörslingen
Giengen a.d. Brenz
Hau.-Unt.-Bechingen
W.-Zöschlingswlr.
G.-Sachsenhausen
W.-Schabringen
Herb. 1984
Haunsheim
L.-Frauenriedhsn.
Pfarr-K.
D.-Steinheim
Güssenbg.
Hermaringen
D.-Donaualthm.
G.-Hürben
L.-Veitriedhsn.
Birkacker Höfe
D.-Hausen
433
Dillingen a.d. Donau
Charlottenhöhle
G.-Burgberg
Kattenburg
Reuendorf
Lontal
M.-Unt.-Medlingen
Mariae Himmelf.
Niederstotzingen
S.-Bergenweiler
L.-Faimingen
439
Lauingen a.d. Donau
St. Leonhard
542
St. Gallus
M.-Ob.
Sontheim a.d.Br.
S.-Brenz
Echenbrunn
Gundelfingen a.d. Donau
N.-Stetten
Brenz
Glött
Katharinenhof
Niederstotzingen
Ober-Stotzgn.
Bächingen a.d.Br.
Lindenau
Helmeringen
Asselfingen
Gu.-Peterswörth
Schwarzenwang
Hygstetterhof
Holzheim
Aislingen
Ho.-Weisingen
Gü.-Riedhausen
Wildenauhof
Rieder
Weiler
Glött
W.-Altenbaindt
Grundremmingen
Donaumoos
Windhsn.
A.-Baumgarten
Heudorf
W.-Waldkirch
Offingen

Inhaltsverzeichnis

Mehrtägige Touren

Die Schwäbische Alb

erfreut sich als Wanderlandschaft von jeher größter Beliebtheit. Während der westliche Teil die höchsten Erhebungen des Gebirges aufweist und mit dem Donautal eine zusätzliche Attraktion zu bieten hat, enthält das vorliegende Buch über den östlichen Teil der Alb nicht minder erwandernswerte Ziele.

Vom geschichtsträchtigen Ries, das waldreiche Härtsfeld über das Höhlengebiet im Bereich der Lone und die vorgelagerten Zeugenberge zwischen Heubach und Göppingen, bis zu den albtypischen Steilabfällen der Berge zwischen Geislingen und Kirchheim umfaßt das Buch ein ganzes Bündel vielgestaltiger Ausflüge. Natur- und Kunstfreunde kommen dabei gleichermaßen auf ihre Kosten, wozu die instruktiven Einführungstexte und Randbemerkungen der neuen Buchkonzeption wesentlich beizutragen vermögen.

Beim erneuten Abgehen fast aller wiedergegebenen Routen ergaben sich wie immer viele Veränderungen und Wegverlegungen. Es gilt deshalb auch künftig der Wunsch um Mitteilung, wo sich eine neuerliche Korrektur für die nächste Auflage als notwendig erweist.

Wie bisher schon enthalten die zitierten Gehzeiten keine Aufenthalte. Auch sollte bei der Planung beachtet werden, daß für die Zeitdauer und Anstrengung einer Wanderung die genannte Steigung oft erheblicher ist, als die reine Kilometerzahl. Ganz allgemein ist zu empfehlen, lieber eine etwas längere Wanderzeit vorzusehen, um mit viel Muße und ohne Hast die reichen Eindrücke dieser herrlichen Landschaft genießen zu können. Hierzu wünsche ich meinen zahlreichen Wanderfreunden ungetrübte Freude und Erbauung.

Werner Schmidt

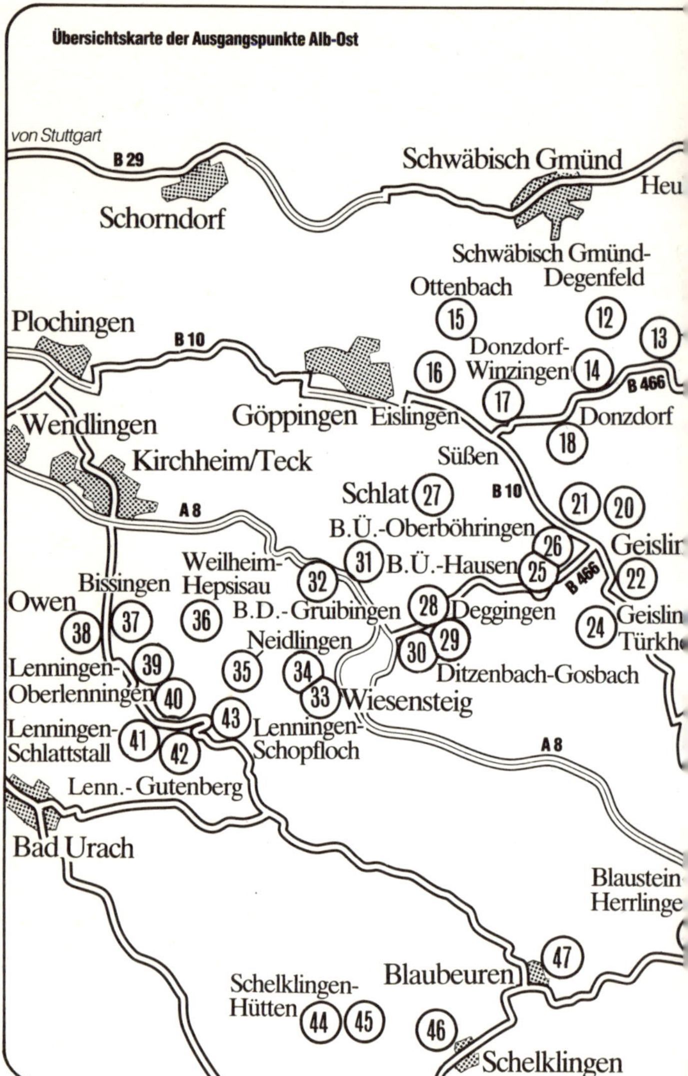
Übersichtskarte der Ausgangspunkte Alb-Ost
von Stuttgart
B 29
Schorndorf
Schwäbisch Gmünd
Heu
Schwäbisch Gmünd-
Degenfeld
Ottenbach
15
12
13
Plochingen
B 10
Donzdorf-
Winzingen
16
14
B 466
17
Wendlingen
Göppingen
Eislingen
Donzdorf
18
Kirchheim/Teck
Süßen
Schlat
27
B 10
A 8
21
20
B.Ü.-Oberböhringen
26
Geislin
Weilheim-
Hepsisau
31
B.Ü.-Hausen
25
B 466
22
Bissingen
32
Owen
B.D.-Gruibingen
28
Deggingen
24
Geislin
Türkh
38
37
36
Neidlingen
29
30
Lenningen-
Oberlenningen
39
35
34
Ditzenbach-Gosbach
40
33
Wiesensteig
43
Lenningen-
Schlattstall
41
42
Lenningen-
Schopfloch
A 8
Lenn.-Gutenberg
Bad Urach
Blaustein
Herrlinge
47
Blaubeuren
Schelklingen-
Hütten
44
45
46
Schelklingen

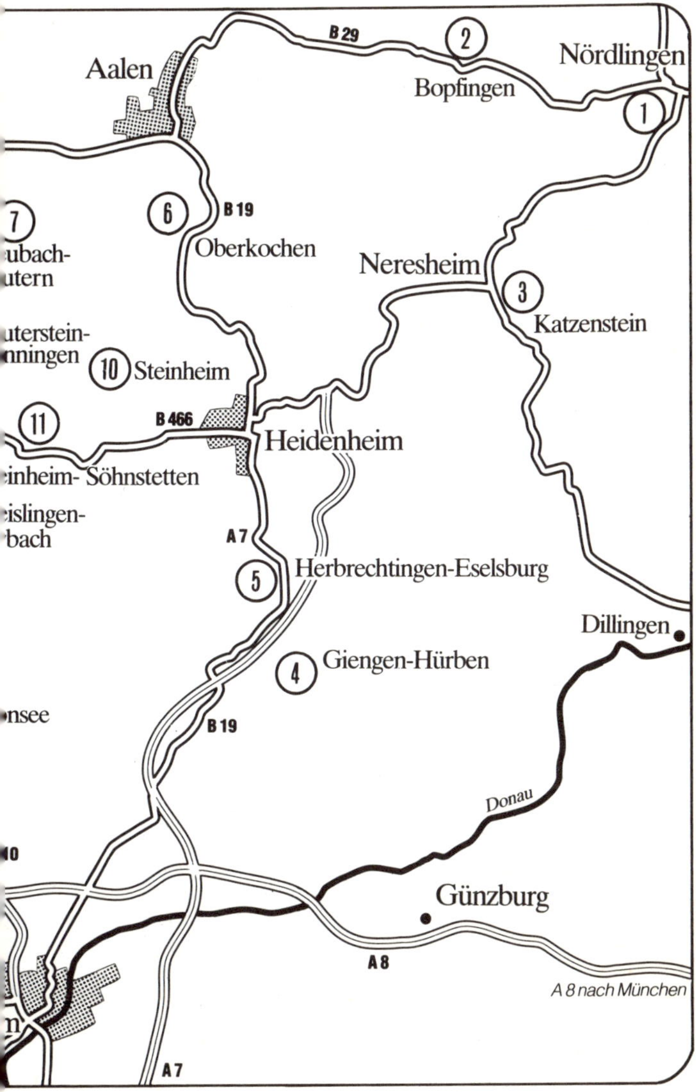
Aalen
B 29
2
Nördlingen
Bopfingen
1
7
6
B 19
ubach-
utern
Oberkochen
Neresheim
3
Katzenstein
uterstein-
nningen
10 Steinheim
11
B 466
Heidenheim
inheim- Söhnstetten
islingen-
bach
A 7
5
Herbrechtingen-Eselsburg
Dillingen
4
Giengen-Hürben
nsee
B 19
Donau
Günzburg
A 8
A 8 nach München
A 7

Die Schwäbische Alb

auch im östlichen Teil ein vielseitiges Wandergebiet

Höhlen:
Längste Schauhöhle der Alb ist die Charlottenhöhle mit über 500 Metern; ebenfalls erschlossen sind die Schertelshöhle, die Höhlen bei Laichingen, Sontheim und Gutenberg; kleinere Höhlen am Rosenstein und Scheuelberg. Die Ofnethöhlen und die Höhlen im Lonetal wurden durch zahlreiche Funde berühmt

Aussichtstürme:
Volkmarsberg, Teck und Römerstein

Die rund 50 Kilometer breite und 200 Kilometer lange Schwäbische Alb ist Teil einer Karstlandschaft, die Mitteleuropa vom französischen und schweizerischen Jura bis zum fränkischen Jura durchzieht. Die aus dem Jurameer entstandenen Kalkgebirge weisen zahlreiche Höhlen und Karstquellen auf. Viele Trichter und Bergformen erinnern noch an die unzähligen Vulkane im Bereich der Alb. Zu den markantesten Beispielen gehören hier das Randecker Maar, das Steinheimer Becken und das Nördlinger Ries. Die 200 Meter tiefe Absenkung mit einem Durchmesser von 23 Kilometern wird freilich neuerdings von der Wissenschaft einem Meteoreinschlag zugeschrieben. Typisch für den östlichen Teil der Alb sind auch die sogenannten Zeugenberge. Die vorgelagerten »Kaiserberge« Stuifen, Staufen, Rechberg, aber auch der Ipf und einige andere »bezeugen« die ursprüngliche Zugehörigkeit zum Gebirge. Tektonische Einflüsse und Auswaschungen haben sie vom jetzigen Albrand getrennt.

Während den Nordtrauf Steilabfälle beherrschen, fällt die Alb nach Süden hin sanft ab. Eine eindrucksvolle Demonstration der Erdgeschichte gibt das Hauff-Museum in Holzmaden, wo bis zu 180 Millionen Jahre alte Fossilien von längst ausgestorbenen Meerestieren bis zu acht Meter Länge zu bestaunen sind. Aber auch die rund 800 Höhlen der Alb offenbaren reiche Einblicke in die Vergangenheit durch Skelettfunde von Nashörnern, Mammuten und Bären, durch Ausgrabungen von steinzeitlichen Werkzeugen, Schädelbestattungen und Schmuck. Eine besondere Anziehungskraft bilden außerdem die reizvollen Tropfsteinhöhlen. Viele Ausgrabungen belegen die frühgeschichtliche Besiedelung des Gebietes. Der Limes und unzählige freigelegte Gutshöfe erinnern an die Römerzeit. Mit den Habsburgern, den Staufern und den Hohenzollern haben später gleich drei Herrscherhäuser ihren Ursprung im Bereich der Schwäbischen Alb.

Bis auf einige Gebiete im Ries und auf der Südabdachung ist die Schwäbische Alb karg und landwirtschaftlich wenig einträglich. Verantwortlich dafür ist der wasserdurchlässige Boden und ein oft früher Wintereinbruch. Für den Naturfreund freilich bietet die Alb eine Fülle vielfach geschützter Pflanzen und Blumen. Silber- und Golddisteln, Bergastern, Enzian und Küchenschellen bedecken die Hochflächen, Türkenbund und mehrere Orchideenarten sind in den Traufwäldern beheimatet. Weniger zahlreich ist die Tierwelt vertreten, wo sich neben einigen Fischreihern und Falken lediglich Hasen, Füchse und Rehe beobachten lassen.

Museen:
Urweltfundemuseum in Holzmaden, Höhlenmuseum in Laichingen, Brotmuseum in Ulm, Meteorkratermuseum in Steinheim, Limesmuseum in Aalen, Juramuseum in Göppingen, Schloßmuseum in Heidenheim, Heimatmuseen in Blaubeuren, Geislingen, Königsbronn, Kirchheim, Nördlingen und Schwäbisch Gmünd

Bräuche:
Ulmer Fischerstechen, Göppinger und Owener Maientag, Klopfers- oder Säcklestag im Raum Ulm - Blaubeuren, Pfingsterleszug in den Lutherischen Bergen, Silvesterritt und Veitsfeuer im Härtsfeld, Eybacher Huttanz, Suppinger Trachtenfest

Segelflugplätze:
bei Blaubeuren, Bopfingen, Deggingen, Donzdorf, Gerstetten, Giengen, Gruibingen, Kirchheim, Neresheim, Hornberg

Klöster und Kirchen:
Blaubeuren, Lorch und Neresheim; daneben sehenswerte Kirchen in Brenz, Faurndau, Geislingen, Kirchheim, Schwäbisch Gmünd, Urspring, Weilheim und Wiesensteig u. a.

Burgen und Schlösser:
Baldern, Taxis, Kapfenburg, Burg Katzenstein, Ruine Flochberg; Schloß Hellenstein, Burg Falkenstein, Ruine Kaltenburg; Lauterburg, Rosenstein, Hohenstaufen, Hohenrechberg, Staufeneck, Ramsberg, Wäscherschlößle, Scharfenschloß, Helfenstein, Ödenturm, Schloß Weißenstein, Donzdorf; Göppingen, Kirchheim, Burg Teck, Ruinen Reußenstein, Hiltenburg, Rauber, Sperberseck, Hofen

Im Bereich der Alb befinden sich keine Großstädte. Dagegen entwickelten sich in den Tälern und am Rand einige Industriestädtchen wie Heidenheim, Aalen, Schwäbisch Gmünd, Göppingen, Geislingen, Kirchheim und natürlich Ulm. Die dort gefundenen Arbeits- und Erwerbsmöglichkeiten brachten den ehedem nicht mit Reichtum gesegneten Bewohnern der Albdörfer die notwendigen Mittel, die Häuser und Ortschaften so freundlich zu gestalten, wie wir sie heute kennen.

In gastronomischer Hinsicht ist die Alb nicht dem nahen Schwarzwald vergleichbar. Als Wanderlandschaft braucht sie allerdings den Vergleich nicht zu scheuen. Ein Netz von rund 13000 Kilometern wohlmarkierter Wanderwege unterhält allein der Schwäbische Albverein. Er ist mit etwa 100000 Mitgliedern der stärkste deutsche Mittelgebirgsverein mit zahlreichen eigenen Wanderheimen und Aussichtstürmen.

Während die Alb im Winter inzwischen ein beliebtes Wintersportgebiet mit Liften und Loipen geworden ist, dominieren in der schneefreien Jahreszeit die Wanderer. Aber auch die Kletterer kommen auf ihre Kosten, wie auch Radfahrer, Reiter und Angler. Neben Segelfliegern sind am Albtrauf neuerdings auch viele Drachenflieger anzutreffen. Sie schaffen mit ihren Flügen zusätzliche Erlebnisse für den Wanderer.

An attraktiven Zielen ist ohnehin kein Mangel: Aussichtsfelsen, Burgen, Türme, Höhlen und Freizeiteinrichtungen wetteifern um die Gunst der Besucher, und auch der Kunstfreund findet viele besuchenswerte Kulturstätten.

Mit dem Auto unterwegs im östlichen Teil der Schwäbischen Alb

Die durchmarkierte »Schwäbische Albstraße« führt von Nördlingen bzw. von Aalen bis Tuttlingen bzw. Trossingen. Sie ist über 200 Kilometer lang und hält sich zwangsläufig am Nordtrauf des Gebirges, wo viele sehenswerte Städtchen, Berge, Burgen und Höhlen zum Besuch einladen.

Unsere Rundfahrt erschließt das Gebiet der östlichen Alb unter Einbeziehung obiger Straße. Wenn auch nicht alle Sehenswürdigkeiten berücksichtigt werden konnten, vermittelt die Route doch einen optimalen Eindruck von der vielgestaltigen Landschaft und Kulturgeschichte und bietet somit jedem Touristen genügend Erlebenswertes.

Als Ausgangspunkt eignet sich praktisch jeder an der Route gelegene Ort. Einer landschaftlichen Steigerung wegen, und um hernach eine zügige Rückfahrt zu haben, beginnt unsere Beschreibung am östlichsten Punkt in der bereits bayerischen, ehemaligen Freien Reichsstadt Nördlingen.

Nördlingen:
Offenbart sich wie ein mittelalterliches Bilderbuch mit historischen Gebäuden und einem Wehrgang um die Altstadt mit über einem Dutzend Türmen und Toren

Neresheim:
Ist Mittelpunkt des Härtsfelds, das König Friedrich I. als »Schwäbisch Sibirien« bezeichnet hat. Das ehemals romanische Kloster wurde in seiner bewegten Geschichte elfmal von Feuersbrünsten heimgesucht. Der jetzige Bau wurde 1747 von Balthasar Neumann begonnen

Heidenheim:
Das Stadtbild wird vom wehrhaften Schloß Hellenstein geprägt, in dem sich das bekannte Naturtheater befindet

Geislingen:
Neben der Stadtkirche und dem Rathaus sind der Zoll, das Seelhaus und der große Speicher beachtenswert. Überragt wird die hübsch gelegene Stadt von der aussichtsreichen Ruine Helfenstein

Wiesensteig:
Ein freundliches Städtchen mit idyllischer Altstadt um die Stiftskirche der ehemaligen Benediktinerabtei

Blaubeuren (außerhalb der beschriebenen Route):
Unmittelbar unterhalb des sagenumwobenen Blautopfes besitzt das malerische Städtchen mit seinem ehemaligen Benediktinerkloster eine mittelalterliche Kostbarkeit ersten Ranges

Schon zu Beginn der Fahrt würde sich der Besuch des Schlachtfelds aus dem Dreißigjährigen Krieg auf dem Albuch und der frühgeschichtlichen Ofnethöhlen im Ries empfehlen, in dessen Bereich überdies rund fünfzig römische Gutshöfe entdeckt wurden.

Auf der Schwäbischen Albstraße erreichen wir rasch Neresheim. Der Besuch der berühmten Abteikirche gehört zum Pflichtprogramm dieser Fahrt. Dank der vollendeten Innenraumgestaltung gilt sie als eine der schönsten Barockkirchen des Landes.

Ein kleiner Abstecher führt zur fotogenen Burg Katzenstein, bevor wir das Härtsfeld in Richtung Heidenheim durchqueren. Wenig westlich davon wäre ein Aufenthalt im geologisch interessanten Steinheimer Becken zu empfehlen sowie ein Spaziergang im Wental zum imposanten Felsenmeer.

In Böhmenkirch verlassen wir die Albhochfläche und erreichen durch das hübsche Roggental die Fünftälerstadt Geislingen. Weiter der mit der Silberdistel markierten Straße folgend, fahren wir nun durch das felsengesäumte, im Volksmund »Geißentäle« genannte, obere Filstal. Hinter Bad Überkingen und Bad Ditzenbach unterqueren wir die Autobahn im Bereich des Albanstiegs. Hinter dem hübsch gelegenen Städtchen Wiesensteig fahren wir wieder waldaufwärts zur Albhochfläche. Vom großen Parkplatz beim Reußenstein sollte man sich einen Spaziergang von wenigen Minuten zur stolzen Burgruine gönnen. Der wohlrestaurierte Bau steht auf einem schroffen Felsenriff und zählt zu den schönsten Burgen der Alb. Über

Schopfloch kommen wir zum reizvollen Randecker Maar. Unmittelbar danach passieren wir das hochgelegene Ochsenwang, in dem Eduard Mörike als Pfarrverweser gewirkt hat. Das Panorama vom nahen Breitenstein begeisterte den Dichter schon damals.

Wir folgen hier kurz der »Schwäbischen Dichterstraße«, verlassen sie aber in Bissingen wieder, um über Weilheim zum nahen Holzmaden zu kommen. Faszinierende Einblicke in die Erdgeschichte vermittelt das Museum Hauff. Die unzähligen Funde an versteinerten Sauriern und anderen Reptilien in den Schieferbrüchen beweisen die Ausdehnung des Meeres vor 150 Millionen Jahren bis in den Stuttgarter Raum.

An Bad Boll vorbei fahren wir nun nach Göppingen und folgen hier der »Straße der Staufer« über Hohenstaufen und Wäschenbeuren (mit dem nahen Wäscherschlößchen) nach Lorch, dessen Klosterkirche ein weiterer Pflichtbesuch gilt. Die romanische Pfeilerbasilika war ehedem Grablege der Hohenstaufen und birgt viele bedeutende Sehenswürdigkeiten.

Auch die nahe Gold- und Silberwarenstadt Schwäbisch Gmünd würde einen Aufenthalt rechtfertigen. Die ehemalige Freie Reichsstadt besitzt eine Reihe hochkarätiger Baudenkmäler.

In zügiger Fahrt geht es hernach über Aalen und Wasseralfingen nach Lauchheim mit seiner wuchtigen Kapfenburg und nach Bopfingen am Ipf. Besonders reizvoll ist die heimelige Altstadt. Der 90 Meter hohe Daniel weist uns den Rückweg zum Ausgangspunkt im nahen Nördlingen.

Göppingen:
Die schon 1154 von Kaiser Barbarossa besuchte Hohenstauferstadt wurde 1782 durch Feuer weitgehend zerstört. Die spätgotische Oberhofenkirche, der Renaissancebau des »Storchen«, die Schickhardtsche Stadtkirche und das Schloß sind noch Zeugen der Vergangenheit

Schwäbisch Gmünd:
Besaß ehemals 18 Kirchen und 6 Klöster in seinen Mauern. Zu den Hauptsehenswürdigkeiten der Altstadt gehört neben der Johanniskirche aus der Stauferzeit das Heiligkreuzmünster, das zu den bedeutendsten Bauwerken deutscher Gotik gerechnet wird. Den sehenswerten Marktplatz umgeben viele weitere historische Baudenkmäler

1

Nördlingen – eine sehenswerte Stadt

Auch die Umgebung der mittelalterlich gebliebenen ehemaligen Freien Reichsstadt ist reich an geschichtsträchtigen Zielen und lohnt die schattenlose, stramme Wanderung

Ausgangspunkt:
Georgskirche Nördlingen
Weglänge: 20 km
Gehzeit:
4½ Stunden
Steigung: 300 m
Wanderkarte:
1:50000, Blatt L 7128 Nördlingen

Einkehrmöglichkeit:
Ederheim, Thalmühle, Riesblick, Utzmemmingen (Abstecher)

Bemerkung:
Die schattenlose Strecke ist an heißen Sommertagen nicht zu empfehlen

Ein Dutzend Türme und Tore zieren den voll begehbaren Wehrgang rund um die kreisrunde Stadt. Neben anderen mittelalterlichen Gebäuden ist die St.-Georgs-Kirche besonders sehenswert. Ihr 90 Meter hoher »Daniel« ist das weithin sichtbare Wahrzeichen der Stadt.

Wir verlassen die malerische Altstadt bei der *St.-Georgs-Kirche,* gehen am Dehlerbräu vorbei durch die Hüttengasse und kurz vor der *Salvatorkirche* nach links zur *Alten Abtei.* Wenige Schritte nach rechts gehend, überqueren wir eine Straßengabelung und verlassen auf der Lindenallee die Stadt. Vom blauen Dreieck geführt, geht es über den Galgenberg am Waldrand entlang zum *Stoffelsberg* und *Adlerberg* mit Aussichtsfelsen und Kreuz. Nach 1 Stunde kommen wir zum *Schönefeld.* Hier markierungsgemäß nach rechts und auf dem Asphaltweg nach 300 Metern nach links zur Talsenke.

Zwischen den Feldern zum wacholderbestandenen Anstieg auf den Albuch, mit Gedenkstein an die 1634 geschlagene

Schlacht. Nun folgen wir der blauen Raute an der Schutzhütte vorbei über den Bergrücken und durch den Wald nach *Ederheim* (insgesamt 2 Std.).

Wir verlassen das Dorf nach rechts. Auf der Paßhöhe der Beschilderung gemäß nach links zu den vorgeschichtlichen *Ofnethöhlen* (1 Std.); an deren Hang Ausgrabung eines römischen Gutshofs.

Auf dem »Himmelreich« genannten Höhenrücken bei prachtvollem Panorama über die durch Meteoriteneinschlag entstandene fruchtbare Kreisfläche des Rieses bis zum Ipf, Schloß Baldern und Ruine Flochberg. Beim *Gasthaus Riesblick* folgen wir der Straße wenige Schritte nach links und wandern dann auf dem unmarkierten Feldweg nach rechts, der uns fast geradlinig auf den Turm der Nördlinger Stadtkirche zuführt. Auf Höhe der Müllhalde gehen wir nach rechts nach *Kleinerdlingen* und auf dem Fußweg an der Bungalowsiedlung und am Friedhof vorbei zum Ausgangspunkt zurück (1½ Std. seit den Höhlen).

Nördlingen:
600 Jahre lang freie Reichsstadt. 5 Tore und 18 Türme

Albuch:
6000 Zinnsoldaten demonstrieren im Nördlinger Museum die folgenschwere Schlacht von 1634, bei der die Schweden ihre erste Niederlage erlitten und 12 000 Tote zu beklagen hatten

Ofnethöhlen:
Mit Siedlungsresten und Werkzeugen aus der Steinzeit, der Bronze-, Hallstatt-, Kelten- und Römerzeit 33 Frauen- und Kinderschädel

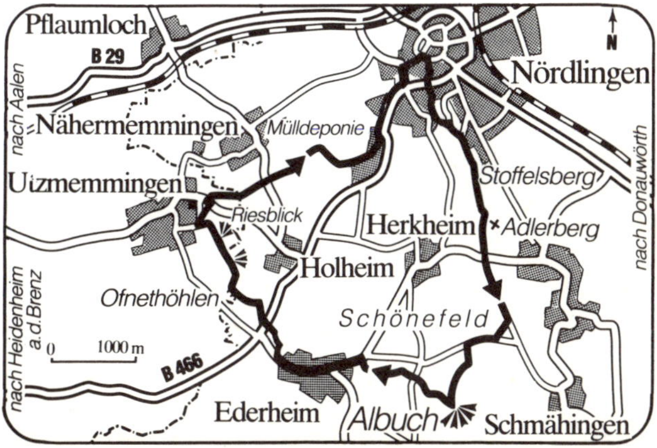

2

Vom Ipf blickt man über 99 Ortschaften

Eine abwechslungsreiche Wanderung zum gastlichen Bopfingen, das kein Geringerer als Kaiser Barbarossa gegründet hat

Ausgangspunkt: Aufhausen, 3 Kilometer westlich von Bopfingen an der B 29, Parkmöglichkeit im alten Dorfkern
Weglänge: 17 km
Gehzeit: 4 Stunden
Steigung: 500 m
Wanderkarten: 1:50 000, Blätter L 7126 Aalen und L 7128 Nördlingen

Einkehrmöglichkeit: Oberdorf, Bopfingen, Aufhausen

Am Ortsausgang in Richtung Aalen gehen wir über die B 29 und folgen dem Weg entlang dem Hang des *Tonenberges* nach links. Dort, wo der Weg im hübschen *Schenkenbachtal* endet, gehen wir am Waldrand bis zur Viehhütte und folgen dem Weg durch die Waldspitze. Etwa 80 Meter jenseits des Waldes geht es nach rechts (beim Lichtmasten 89 ebenfalls nach rechts) und sofort wieder links in Richtung Ipf. Der hübsche Talweg führt uns zwischen *Käsbühl* und *Karkstein* hinab nach *Oberdorf* (1 Std.). Vor der Kirche gehen wir nach links, auf der Ipfstraße über die Brücke und an der Schule bergan. Bei der Gabelung der Straße geht es rechts zum Wald und, um einen Steilanstieg zu vermeiden, am Waldrand nach links. Über die Wacholderheide kommen wir zur Lindenallee, die uns nach rechts vollends zum Gipfel führt (3/4 Std.). Die Aussicht vom oberen Ringwall ist einzigartig und umfaßt rund 100 Orte.

Nach dem Rundgang auf dem Gipfelplateau gehen wir auf dem Weg des Anstiegs zurück zum unteren Wall. Hier zweigt rechter Hand der Pfad über den reizvollen Wacholderhang nach *Bopfingen* ab, das wir in 20 Minuten erreichen. Auf der Hauptstraße gehen wir nach links, beim *Café Dietz* nach rechts und »Am Stadtgraben« entlang durch die Alte Neresheimer Straße zum *Bahnhof.* Hier folgen wir der ausgezeichneten Markierung mit rotem Dreieck auf dem Sandbergweg in schattigem Anstieg zum *Sandberg* (kleiner Abstecher zum herrlichen Rast- und Aussichtsplatz). Bei der nahen Kreuzung am Egleplatz weist uns die Markierung Richtung Egerursprung bald über einen felsigen Kamm auf Zickzackpfaden bergab. Beim Erreichen des querlaufenden Holzabfuhrwegs sind es nur wenige Schritte zur *Ruine Schenkenstein.* Wir gehen zurück zum breiten Weg, der uns in einer Schleife aus dem Wald führt. Am alten *Judenfriedhof* entlang kommen wir zur Bahnunterführung und auf der Michelfelder Straße nach rechts zum Ausgangspunkt (1¼ Std. seit Bopfingen).

Bemerkung:
Auf dem Ipf lassen Funde im Bereich der Ringwälle auf eine Besiedelung in der Stein- und Hallstattzeit schließen. Im Bereich des Sandbergs war im Dreißigjährigen Krieg vor der Entscheidungsschlacht am Albuch das Heerlager der Schweden

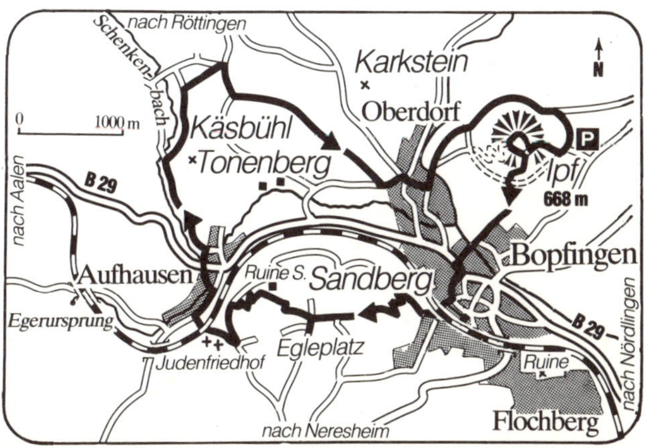

3

Von Burg Katzenstein zum Kloster Neresheim

Die Wanderung verbindet zwei markante Wahrzeichen des Härtsfeldes, der fruchtbaren Landschaft am Ostrand der Schwäbischen Alb

Ausgangspunkt: Katzenstein
Weglänge: 15 km
Gehzeit: 3½ Stunden
Steigung: 330 m
Wanderkarte: 1:50000, Blatt L 7328 Höchstädt

Dorf und Burg *Katzenstein* liegen wenige Kilometer südöstlich von Neresheim an der Straße von Nördlingen nach Dischingen. Wir folgen der Dorfstraße bergab, gehen nach dem Ortsschild nach rechts, an der großen Kastanie und an den Häusern 4, 3 und 1 vorbei geradeaus bergan. Der durchgehend markierte Weg führt uns kurz vor einer Kapelle nach rechts und sofort wieder links über die Felder bei hübscher Aussicht zum Wald. Nach etwa ¼ Stunde überqueren wir ein Wiesental, wieder nach ¼ Stunde das *Tiefental,* wo geschützte Orchideen, Türkenbund und Akeleien zu bewundern sind. Der schmale Pfad führt uns nun wohlmarkiert am jenseitigen Hang waldaufwärts direkt zum *Kloster Neresheim* (1½ Std.).

Die Benediktinerabtei stammt aus dem 11. Jh., was die romanischen und gotischen Stilelemente des 65 Meter hohen Turms belegen. Mehrfach umgebaut, gilt die von Balthasar Neumann errichtete heutige Barockkirche als eine der schönsten in Deutschland.

Auch das kleine Städtchen Neresheim ist eine Perle des Härtsfelds. Nach einem Brand im 15. Jh. und Zerstörungen im 30jährigen Krieg sind die umfangreichen Stadtbefestigungen schließlich im 19. Jh. geschleift worden.

Der Rückweg ist die ersten 10 Minuten identisch mit dem Hinweg, dann weist ein Schild nach links die Richtung nach Christgarten. Der ebenfalls mit rotem Dreiblock bezeichnete Weg führt über ein schmales Waldtal in ½ Stunde über das hier wacholdergesäumte *Tiefental.* Leicht ansteigend erreichen wir in ¼ Stunde die freie Höhe beim Fluertshäuser Hof. Unmittelbar davor folgen wir nun dem asphaltierten Weg ½ Stunde geradeaus nach rechts. Bei schöner Sicht über das Härtsfeld kommen wir zu einem Aussiedlerhof und über die Römerstraße nach *Frickingen.* Neben der Straße oder gleich nach Dorfende auf dem nach rechts ausholenden, unmarkierten Feldweg erreichen wir in ¼ Stunde wieder unseren Ausgangspunkt in Katzenstein.

Einkehrmöglichkeit:
Klosterhospiz, Frickingen, Katzenstein

Burg Katzenstein:
Romanische Wehrburg mit Ringmauer, Bergfried, Steinhaus und Kapelle. Sie ist sonntags ab 11 Uhr bewirtschaftet und zu besichtigen

4

Von Höhle zu Höhle durchs Lonetal

Neben der Charlottenhöhle und drei steinzeitlichen Höhlen bietet die Wanderung eine stattliche Burgruine und im Frühjahr eine herrliche Flora

Ausgangspunkt: Hürben (Parkplatz bei der Charlottenhöhle)
Weglänge: 18 km
Gehzeit: 4½ Stunden
Steigung: 230 m
Wanderkarte: 1:50 000, Blatt L 7526 Günzburg

Einkehrmöglichkeit: Bissingen, Charlottenhöhle

Das Lonetal, heute ein Trockental, war einst die Hauptentwässerungsfurche der gesamten Alb. Wir begegnen ihr heute noch bis zur Schopflocher Alb bei Kirchheim/Teck. Die vielfach unmarkierten und ungepflegten Wegstrecken unserer heutigen Tour durch das Landschaftsschutzgebiet erfordern einige Aufmerksamkeit. Die im Frühling dort blühenden Märzenbecher, Leberblümchen und Traubenhyazinthen sind selbstverständlich geschützt.

Vom *Parkplatz* folgen wir 10 Minuten lang der Straße in Richtung Niederstotzingen, gehen über die Brücke und dem blauen Dreiblock gemäß nach rechts. Wo dieser waldaufwärts führt, bleiben wir in Bachnähe und kommen nach ½ Stunde zur Straße. Das rote Dreieck führt uns waldaufwärts. Dann über die Hochfläche nach rechts zum Grillplatz über der bekannten *Vogelherdshöhle.*

Bei der nahen Straßenkreuzung schlendern wir am linken Waldrand zum *Rahmenstein* und zum *Hohlenstein* mit *Stadel* und *Bärenhöhle.* Auf dem jenseitigen Weg kommen wir zu einem Parkplatz, gehen nach links, wo gleich nach der Brücke ein unscheinbarer Grasweg zur imposanten *Bocksteinhöhle* führt. Nach Rückkehr zum Parkplatz steigen wir auf der Straße bergan nach *Bissingen.*

Nach der Durchquerung des Orts gehen wir nach links in Richtung Sportplatz, überschreiten nach einem Wanderparkplatz das Tälchen und steigen beim Gewannschild »Beckensteigle VI 9« geradeaus waldaufwärts. Auf der Hochfläche halten wir uns links und kommen alsbald zum Weiler *Reuendorf.* Beim letzten linksseitigen Haus folgen wir den Telefonmasten 39, 38 usw. auf dem Feldweg. Beim Masten 21 nicht nach links, sondern auf dem Grasweg weiterhin geradeaus gehen zur »Schloßhalde VI 2«, wo wir im Wald unvermittelt zur *Burgruine Kaltenburg* kommen. Auf schmalem Pfad geht es leicht bergan und dann markierungsgemäß waldabwärts zur nahen *Charlottenhöhle* zurück.

Charlottenhöhle:
Mit 532 m die längste begehbare Tropfsteinhöhle der Alb (15. März bis Ende Oktober geöffnet)

Bemerkung:
In den vorgeschichtlichen Höhlen des Bockstein, des Hohlensteins und der Vogelherdshöhle wurden viele Funde aus der Altsteinzeit ausgegraben; in letzterer auch Skelette von Mammut, Nashorn und Höhlenbär

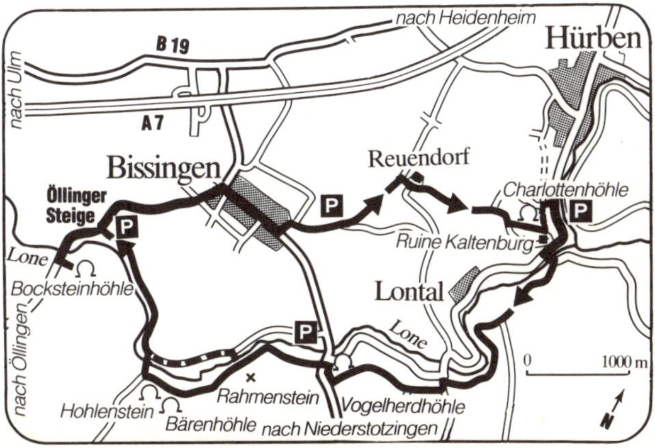

5

Besuch bei den fotogenen »Steinernen Jungfern« von Eselsburg

Unsere wenig anstrengende Wanderung folgt der »Eselsburger Schlinge«, entlang der Brenz um das Landschaftsschutzgebiet des Buigen

Ausgangspunkt: Eselsburg, etwa 10 Kilometer südlich Heidenheim, an der Straße nach Ulm
Weglänge: 11 km
Gehzeit: 3 Stunden
Steigung: 160 m
Wanderkarte: 1:50 000, Blatt L 7326 Heidenheim

Einkehrmöglichkeit: Herbrechtingen, Kloster Anhausen (dienstags geschlossen)

Bemerkung: Abkürzungsmöglichkeit in Herbrechtingen nach dem Hallenbad links mit roter Markierung direkt über den Buigen

Vom Parkplatz im Talgrund folgen wir dem sonntags verkehrsfreien Fahrweg flußabwärts. Nach den morschen »Jungfern« und weiteren bizarren Felsgruppen erreichen wir nach ½ Stunde *Herbrechtingen,* gehen bei der Fabrik über die Brücke und auf dem Baumschulenweg nach links zum nahen *Hallenbad.* Hier folgen wir dem asphaltierten Sträßchen bergan, verlassen es aber dort, wo es nach links zum Wald abbiegt und gehen geradeaus auf dem Grasweg weiter. Am Ende des Obstgartens geht es auf dem ebenen Weg nach rechts zum Heideweg am Ortsrand und dort nach links zur Höhe. Bei hübscher Aussicht wandern wir nun weglos und unmarkiert über den freien Hang zu Tal. Hier folgen wir kurz dem Wiesenweg nach rechts und dann dem Sträßchen nach links an der *Riedmühle* vorbei über die *Brenz.* Im nahen Klosterbereich führt ein Pfad mit roter Raute durch die Anlage, in deren Gebäude Reithallen und Ställe untergebracht sind (¾ Std. seit Herbrechtingen).

Hinter dem Gasthof folgen wir dem

Kapellenweg am Haus Friedrichsruh vorbei zum Wald und dort dem roten Balken auf dem Zoeppritzweg bergauf. Nach Waldaustritt nicht bergab gehen, sondern den Trauf entlang zur Domäne *Falkenstein* (¾ Std.). *Achtung:* Beim Wohngebäude geht es auf gut gesichertem Steig nach links zur aussichtsreichen Felskanzel auf der ehemaligen Burg.

Wir gehen zurück und steigen unmittelbar vor dem Haus auf steilem Treppenweg zu Tal, das bequemer auch über den Fahrweg zu erreichen ist. Unser fortan mit rotem Dreiblock markierter Pfad führt auf dem Steg über die Brenz, auf der sich sonntags zahlreiche Boote tummeln. Wohlmarkiert geht es waldaufwärts zum *Buigen,* wo ein kleiner Abstecher zur nahen Albvereinshütte einen schönen Blick ins Tal bietet. Nach Rückkehr zur beschilderten Abzweigung führt uns die Markierung Richtung Ringwall und nach links abwärts aus dem Wald und über die Brücke zum Ausgangspunkt der überaus lohnenden Tour (½ Std. seit Falkenstein).

Burg Falkenstein:
Im Frühjahr blühen dort Märzenbecher, Türkenbund, Aronstab und andere geschützte Pflanzen

Buigen:
Die Ringwälle stammen aus der Hallstattzeit um 800–500 v. Chr. Der nördliche Wall war einst 150 m lang und 7 m hoch

Anhausen:
Ehemaliges Benediktinerkloster, durch alte Ringmauer abgeschlossen; Renaissanceräume im Turm

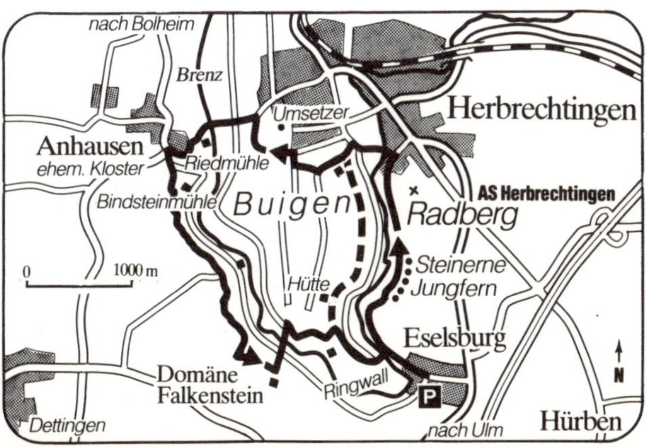

6

Zum Volkmarsberg, nicht nur der Aussicht wegen

Am Quelltopf des Kocher vorbei führt die beschauliche Tal- und Waldwanderung ins Naturschutzgebiet des ehemaligen Völkerberges

Ausgangspunkt: Oberkochen an der B 19 und Bahnlinie zwischen Aalen und Heidenheim
Weglänge: 12 km
Gehzeit: 2¾ Stunden
Steigung: 250 m
Wanderkarte: 1:50 000, Blatt L 7326 Heidenheim

Einkehrmöglichkeit: Albvereinshütte auf dem Volkmarsberg (samstags und sonntags)

Am besten beginnen wir die Rundwanderung im Bereich der großen Fabriken und verlassen den Ort durch die Carl-Zeiss-Straße am Hochhaus vorbei oder bei der Firma Oppold über die Wacholdersteige. Immer am *Kocher* entlang, kommen wir nach knapp ½ Stunde zur *Quelle* des Schwarzen Kochers, der hier mit 500 Sekundenlitern unvermittelt und in stattlicher Breite aus dem Hang tritt.

Nun folgen wir dem roten Dreiblock waldaufwärts. Wo sich nach wenigen Schritten die Wege kreuzen, wandern wir gemäß der Beschilderung »Tauchenweiler« und »Tiefental« auf ebenem Weg etwa 500 Meter nach links bis zur Waldspitze. Hier folgen wir nicht dem Talsträßchen, sondern bleiben auf dem markierten Waldweg am rechten Talrand. Erst nach etwa ½ Stunde wechseln wir markierungsgemäß auf den breiten Talweg, der uns an der *Hubertusquelle* vorbei (Achtung, hier nicht nach links abzweigen!) nach einer weiteren halben Stunde reizvollen Wanderns durch das *Tiefental* zu einer markanten Weggabelung führt. Wir folgen nunmehr der Markierung mit rotem Karo nach halb rechts, passieren nach etwa ¼ Stunde die zur Rast einladende *Bilzhütte* (auch Bülzhütte) und ersteigen in kaum fünf Minuten den Bergrücken mit sechsfacher Wegspinne.

Hier geht es entsprechend dem roten Dreieck geradeaus auf ebenem Holzabfuhrweg mit schönem Blick vom Rosenstein übers Remstal zu den Ellwanger Bergen in 20 Minuten zum Naturschutzgebiet auf dem *Volkmarsberg* (insgesamt 2 Std.) Der parkartige Höhenrücken ist im Frühjahr mit Enzian und Pulsatilla (beide geschützt!) übersät. Vom Turm auf dem 743 Meter hohen Berg bietet sich eine herrliche Rundsicht über die Ostalb und den Schwäbischen Wald, bei klarem Wetter bis zu den bayerischen Alpen.

Für den Rückweg wählen wir den mit rotem Dreiblock markierten »Zickzackweg nach Oberkochen«, der uns verhältnismäßig steil durch den Wald in ½ Stunde zum Ausgangspunkt führt.

Bemerkung:
Ältere Begleiter mögen für den Abstieg vom Volkmarsberg besser wieder auf dem Asphaltweg bis zur Senke zurückgehen und bei der Kreuzung an der »Mutterbuche« nach links absteigen. Im Tiefental führt ein markierter Abstecher zum nahen Wollenloch, einem 62 m tiefen Felsschacht und geschützten Naturdenkmal

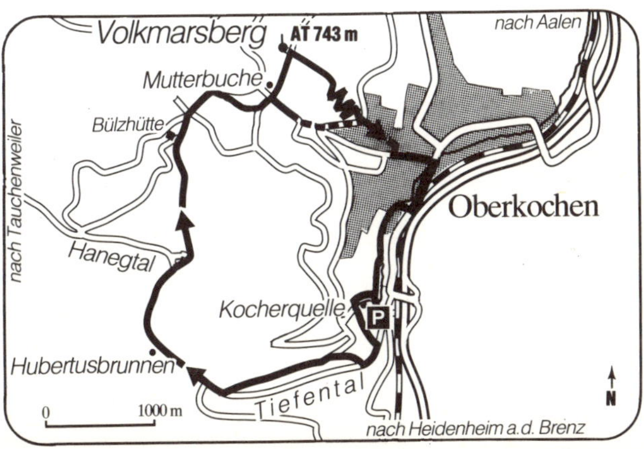

7

Zu Höhlen und Aussichtsfelsen rund um den Rosenstein

Die vielseitigen Sehenswürdigkeiten am Wege machen die kleine Rundtour zu einem beglückenden Wandererlebnis

Ausgangspunkt:
Lautern, Teilort von Heubach, östlich von Schwäbisch Gmünd
Weglänge: 13 km
Gehzeit: 3 Stunden
Steigung: 380 m
Wanderkarte:
1:50000,
Blatt L 7324
Geislingen

Einkehrmöglichkeit:
Waldschenke bei der Ruine Rosenstein

Bemerkung:
Dank der schattigen Wege auch im Sommer möglich

Ruine Lauterburg:
Schon 1128 genannt, auf den mittelalterlichen Buckelquadern 1594 erbaut, 1732 ausgebrannt

Bei der *Kirche* folgen wir kurz der Straße Richtung Bartholomä, verlassen diese aber vor Ortsende durch die Rosensteinstraße, wo sich bei den Gärtnereien ein kleiner *Parkplatz* befindet. Nun müssen wir wenige Schritte bis zur Feldscheune zurückgehen; dort ist der Einstieg zur »Rundwanderung Rosenstein« beschildert. Im Schatten des Waldes folgen wir dem teils grasigen Weg entlang dem *Wäschbach* ½ Stunde bergan. Wenn der breite Weg endet, folgen wir dem Trampelpfad nach rechts zur freien Höhe. Hier geht es kurz nach links, dann nach rechts zum Park- und Rastplatz am Waldrand. 200 Meter waldeinwärts gabelt sich unser Weg. Wir folgen der roten Markierung nach links und kommen nach wenigen Minuten zum *Festplatz,* einer idyllischen Waldwiese mit reizvollem Grill- und Rastplatz. Der Weiterweg zum *Rosenstein* führt nahe am Fernsehturm und an den Erdwällen aus der Hallstattzeit vorbei. Nach insgesamt 1½ Stunden erreichen wir – unmittelbar nach der gastlichen Wald-

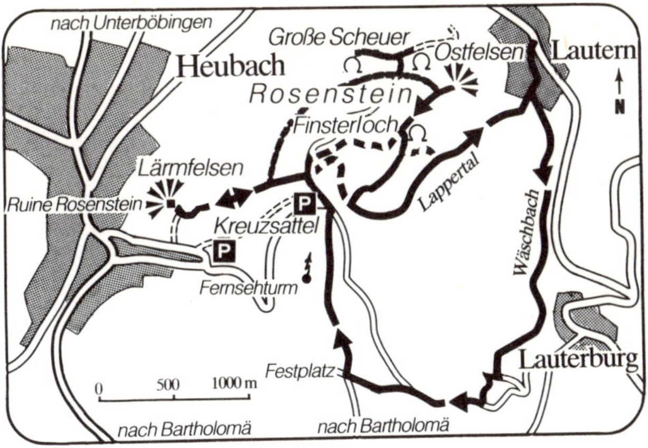

schenke - die Burgruine mit prächtigem Blick zu den Kaiserbergen und ins Remstal.

Noch schöner ist die Aussicht vom nahen *Lärmfelsen.* Wir folgen nun dem markierten Weg am Nordtrauf und kommen nach gut 1/2 Stunde zur imposanten *Großen Scheuer.* Der Weiterweg bringt uns in wenigen Minuten zum ebenfalls aussichtsreichen *Ostfelsen.* Wohl markiert führt der Traufweg zurück zum *Kreuzsattel,* wo der angenehme Abstieg durchs *Lappertal* beschildert ist. - Ein Alternativweg führt mit blauer Raute steil waldabwärts zum Finsterloch. Auf weiterhin steilem Abstieg erreichen wir dort einen Querweg. - Während der markierte Pfad nach links zu Tal führt, kann man auch leicht nach rechts ausholen, wo man auf den bequemen Weg durchs Lappertal gelangt. Vom blauen Dreiblock geführt, passieren wir eine Sägmühle und das *Krankenbrünnele* und kommen nach etwa 3/4 Stunden seit dem Ostfelsen wieder zum Ausgangspunkt.

Ruine Rosenstein:
Sagenumwobene Burg aus dem 12. Jahrhundert, nach wechselvoller Geschichte im Bauernkrieg zerstört

Große Scheuer:
40 Meter lange Felsenhalle mit anschließendem »Haus«, einer 22 Meter langen Höhle

Finsterloch:
130 Meter lange Tropfsteinhöhle, nur mit Fackeln begehbar

Krankenbrünnele:
Quelle, mit angeblich heilsamem Wasser

8

Weg »durch die Höll« ins Himmelreich

Eine genußreiche kleine Wanderung, aber durchaus kein Spaziergang. Höhlen, Felsen und Aussichtspunkte belohnen die Mühe des Aufstiegs

Ausgangspunkt: Heubach, wenige Kilometer ostwärts von Schwäbisch Gmünd; großer Parkplatz an der Scheuelbergstraße (Abzweigung bei der Kirche)
Weglänge: 9 km
Gehzeit: 2 Stunden
Steigung: 330 m
Wanderkarte: 1:50000, Blatt L 7324 Geislingen

Wir folgen in Ortsmitte der Beschilderung »Scheuelberg-Himmelreich« und der guten Markierung mit rotem Dreiblock. Am Waldrand geht es erst nach rechts, dann scharf nach links bergan. In der großen Rechtskurve verlassen wir den breiten Weg und steigen auf schmalem Waldpfad markierungsgemäß steil bergauf »durch die Höll«. Nach einer guten halben Stunde genießen wir vom *Ostfels* erstmals den Prachtblick ins Beurener Tal. Nun folgen wir nicht dem gleichfalls markierten »direkten Weg«, sondern halten uns an der linken Bergkante, wo uns der »Randweg« in leichtem Auf und Ab nach etwa 10 Minuten zu den Abzweigungen zur *Fastnachtshöhle,* sowie zum *Engen Loch* mit der nahen *Jakobsgrotte* führt. Über den Höhlen liegen zahlreiche weitere Aussichtsfelsen. Durch den Hochwald erreichen wir nach weiteren 20 Minuten den *Hohen Fels,* eine Aussichtskanzel mit Panorama über Gmünd, die Kaiserberge und den Schwäbischen Wald.

Nun folgen wir der Markierung leicht

bergab zu einer Hochwiese und kommen am jenseitigen Waldrand markierungsgemäß in kurzem Aufstieg und auf schmalem Pfad zum *Himmelreich* mit seinem typischen Wacholderbewuchs, seiner reizvollen Flora und prächtigen Rundsicht.

Von dort erreichen wir nach ¼ Stunde seit dem Hohen Fels das *Gmünder Haus* der Naturfreunde und gehen am *Spielplatz* geradeaus hangabwärts zur Paßhöhe beim Beurener Kreuz (5 Minuten). Hier folgen wir dem Forststräßchen nach links, kürzen nach der ersten Kurve nach rechts ab und schlendern in ½ Stunde nach *Beuren* hinab. Bei der Kapelle folgen wir dem Ortsbach nach links, beim Haus Nr. 12 dem oberen der beiden Wiesenwege leicht ansteigend nach rechts. Achtung! Bei der Weggabelung am Waldrand nach etwa 200 Metern kurz links und sofort wieder nach rechts auf den etwas erhöhten Parallelweg einschwenken, der uns bei reizvoller Szenerie direkt zum Ausgangspunkt zurückführt. Ein Spaziergang durch Heubach beschließt unsere Wanderung.

Einkehrmöglichkeit:
Naturfreundehaus auf dem Himmelreich, Beuren

Bemerkung:
Diese reizvolle Tour läßt sich mit der folgenden beliebig kombinieren

Heubach:
Im 13. Jahrhundert erwähnt, wird seit 1480 als Stadt genannt. Das heutige Industriestädtchen hat mit der Pfarrkirche, dem Schloß, dem Rathaus, dem Marktplatz mit den behäbigen Fachwerkhäusern, dem Torturm und dem Brunnen noch zahlreiche historische Sehenswürdigkeiten

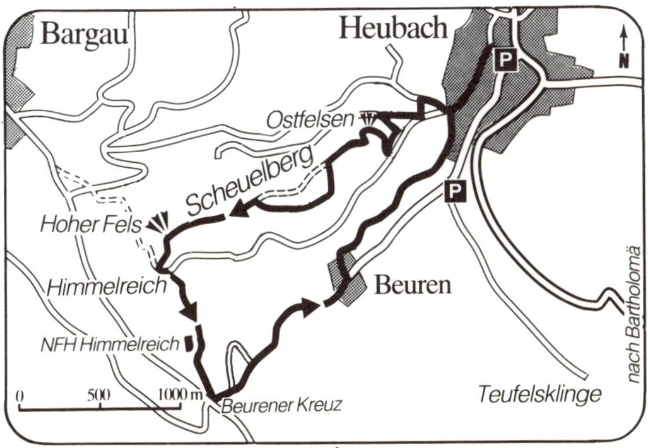

9

Durchs Himmelreich zur Teufelsklinge

Gold- und Silberdistel, Enzian, Waldrebe, Fingerhut und Alpenaster säumen den Weg zum aussichtsreichen Himmelreich, eine Augenweide für jeden Naturfreund

Ausgangspunkt: Heubach, wenige Kilometer östlich von Schwäbisch Gmünd
Weglänge: 13 km
Gehzeit: 3 Stunden
Steigung: 370 m
Wanderkarte: 1:50000, Blatt L 7324 Geislingen

Unsere Wanderung beginnt bei der *Kirche* in der Stadtmitte von Heubach. Hier folgen wir der Markierung mit rotem Dreiblock und der Beschilderung »Scheuelberg-Himmelreich« und kommen durch die Götzenbachstraße zur Scheuelbergstraße; dort ist ein großer *Parkplatz.* Am Ende der Scheuelbergstraße geht es auf einem Treppenweg zwischen den Bungalows bergauf und auf einem Wiesenpfad zum Wald (20 Min.). Der markierte Weg führt erst am Waldrand nach rechts, dann nach links bergan. In einer langgezogenen Kurve verläßt uns der mit Dreiblock markierte Pfad Richtung »West- und Ostfelsen«, während wir dem Schild »Himmelreich« folgend weiter auf dem breiten Weg bleiben. Auf dem bald blumenumsäumten Hangweg genießen wir einen schönen Blick ins Beurener Tal. Auf dem Sattel zwischen Scheuelberg und Himmelreich gehen wir auf der Wiese nach links und, wieder vom roten Dreiblock geführt, auf Zickzackpfad waldaufwärts zum reizvollen Wacholderrücken des *Himmelreichs,* mit

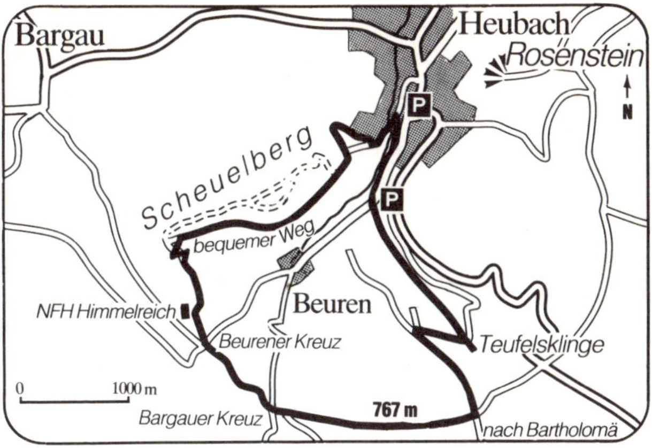

Prachtblick über das Gmünder Becken zum Hornberg und zu den Kaiserbergen (1 Std.).

Am Hinterhang passieren wir das *Naturfreundehaus* und steigen, nach kurzem Abstieg zur Wegkreuzung auf dem Sattel beim Beurener Kreuz, bergauf zum *Bargauer Kreuz.* Hier folgen wir dem Gmünder Weg und der Albvereinsmarkierung Richtung Rosenstein. Fast eben führt der Weg durch schönen Hochwald bis zu einer beschilderten, markanten Kreuzung (1 Std.). Hier biegen wir nach links gemäß der Markierung zur Teufelsklinge. Der nunmehr mit roter Raute wohlmarkierte Waldweg führt uns bergab zur felsigen *Teufelsklinge.* Den meist wasserlosen, schluchtigen Talschluß erreichen wir auf kurzem Stichweg. Unmittelbar unterhalb der Schlucht folgen wir dem zunächst unmarkierten Holzabfuhrweg nach links. Beim Wanderparkplatz überqueren wir die Straße nach Beuren und schlendern auf schmalem Pfad am Bach entlang direkt zum Parkplatz zurück.

Einkehrmöglichkeit:
Naturfreundehaus am Himmelreich

Bemerkung:
Wer die Tour abkürzen will, kann beim Beurener Kreuz, zwischen Naturfreundehaus und Bargauer Kreuz, nach links absteigen und über Beuren zum Ausgangspunkt zurückkehren (siehe Beschreibung Wanderung 8)

10

Vom Meteorkrater zu den »Riesenspielzeugen« im Felsenmeer

Diese beliebte Familienwanderung ist voller Sehenswürdigkeiten und dabei so bequem, daß sie auch mit dem Kinderwagen bewältigt werden kann

Ausgangspunkt:
Steinheim am Albuch, westlich von Heidenheim
Weglänge: 16 km
Gehzeit:
3½ Stunden
Steigung: 150 m
Wanderkarten:
1:50000,
Blätter L7326 Heidenheim und L7324 Geislingen

Einkehrmöglichkeit:
Gasthof Wental (montags geschlossen)

Wir beginnen die Wanderung am besten am großen *Parkplatz* beim *Hirschfelsen,* 2 Kilometer westlich des Ortes. Etwa 10 Minuten nach dem mächtigen Naturdenkmal gabelt sich das Talsträßchen beim Rückhaltebecken, das nun den früher gefürchteten Überschwemmungen Einhalt geboten.

Auf markiertem Weg oder über den rechter Hand sichtbaren Steig kommen wir zum Weiterweg entlang dem Becken im *Gnannental.* Der mit gelbem Dreiblock markierte Weg führt durch den schönen Wiesengrund mit hübschen Rastplätzen und Feuerstellen zum Wald und erreicht nach etwa ¾ Stunden beim Steinhüttle das sogenannte *»Wentalweible«.* Die Szenerie der aus Dolomitgestein bestehenden Felsen wird nach einer beschaulichen Waldstrecke bald wieder abwechslungsreicher. – Auf unserer Strecke begegnen wir immer wieder Hinweistafeln, die die botanischen und geologischen Besonderheiten des Wentals erklären.

Nach den »Hohlen Zähnen« und dem

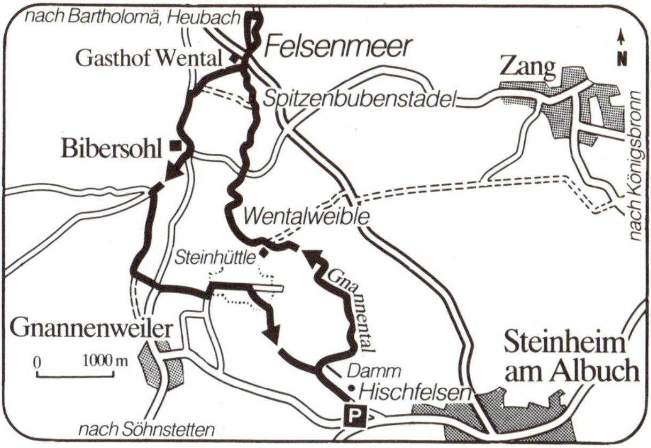

»Spitzbubenstadel« erreichen wir nach insgesamt 1½ Stunden beim *Gasthof Wental* die Straße von Steinheim nach Bartholomä. Nach deren Überquerung befinden wir uns im Felsenmeer oder auch *Steinernen Meer,* einer Wiesenmulde mit wild verstreuten »Riesenspielzeugen«.

Nach Rückkehr zur Straße folgen wir direkt hinter dem Gasthof den Wegziffern 2 und 3 auf unterschiedlichen Wegen gut 10 Minuten durch den Wald. Auf einem Sträßchen passieren wir hernach das einsame ehemalige *Forsthaus Bibersohl.* Unmittelbar danach folgen wir dem roten Dreieck und den Wegziffern 2 und 8, später 3 und 8 zum nahen Wald. Nach etwa einer halben Stunde überqueren wir das Sträßchen nochmals und folgen hier dem »Viehweidsträßle« zu einer großen Lichtung. Durch eine wacholderbestandene Wiesenmulde kommen wir zu einem guten Waldweg, der uns bei leichtem Gefälle direkt zum Rückhaltebecken und zum nahen Ausgangspunkt zurückführt (etwa 1½ Std.).

Bemerkung:
Steinheim liegt in einem um 100 bis 200 Meter vertieften Gelände, ähnlich dem Ries bei Nördlingen. Wie auch dort, war sich die Wissenschaft sicher, daß die Einsenkung vulkanischen Ursprungs sei. Neuerliche Forschungen belegen hingegen, daß das sogenannte Steinheimer Becken – genau wie das Ries – durch einen Meteoreinschlag entstanden ist. Interessante Fundstücke sind im örtlichen Meteorkratermuseum ausgestellt

11

Spaziergang auf der Albucher Hochalb

Nur wenig abseits der vielbefahrenen B 466 liegt das stille Mauertal, ein typisches Trockental, reizvoll zu jeder Jahreszeit

Ausgangspunkt: Söhnstetten, 5 km östlich von Böhmenkirch, zwischen Donzdorf und Heidenheim
Weglänge: 7 km
Gehzeit: 1½ Stunden
Steigung: 100 m
Wanderkarte: 1:50 000, Blatt L 7324 Geislingen

Wir parken im Bereich des Dorfes oder fahren zum Parkplatz beim *Schützenhaus* das etwa 500 Meter nordöstlich der Kirche am Ortsrand liegt.

Beim nahen Damm des *Rückhaltebeckens,* das zur Abwendung verheerender Überschwemmungen früherer Jahre angelegt wurde, folgen wir dem unscheinbaren Grasweg an der Bodenstation des Sessellifts vorbei ins *Mauertal.*

Auch ohne die Kulisse von Felswänden und ohne attraktive Sehenswürdigkeiten ist das Schlendern durch den Talgrund mit seinen Wacholderheiden und der typischen Albflora eine Augenweide für jeden Naturfreund. Besonders zu empfehlen ist der Weg freilich an den ruhigeren Werktagen, zumal am Sonntag vormittags der »Einstieg« ins Mauertal behindert ist. Zu dieser Zeit treffen wir auf einen Verein von Tontaubenschützen, die hier im Naturschutzgebiet ihrem Hobby nachgehen dürfen, so daß ein geringfügiger Umweg nach rechts erforderlich ist.

Nach ¾ Stunden genußreichen Wanderns erreichen wir am Ende des Trockentals nach kurzer Walddurchquerung den befestigten »Postweg«. Bei kaum merklicher Steigung folgen wir diesem ¼ Stunde über die freie Hochfläche nach rechts. Dort weist uns der gelbe Dreiblock und die Beschilderung Richtung Söhnstetten wiederum nach rechts durch den Wald. Nach Waldaustritt kann man abkürzend dem Fahrweg bergab folgen. Hübscher ist ein kleiner Umweg am Waldrand nach links und mehr oder weniger weglos nach rechts über den aussichtsreichen Höhenrücken des *Stöckelbergs.*

Ohne fehlgehen zu können, steigen wir schließlich nach rechts abwärts, wo uns das nahe Dorf die Richtung weist. Über den Damm kommen wir wieder zum Ausgangspunkt der kleinen Wanderung zurück, die im Winter auch für Langläufer geeignet ist.

Von Söhnstetten sind es nur wenige Kilometer zum Steinheimer Becken, das vor etwa 15 Millionen Jahren durch einen Meteoreinschlag entstand.

Einkehrmöglichkeit:
Söhnstetten

Bemerkung:
Im angrenzenden Wenzeltal befinden sich Parkplätze samt Grillstellen. Kurze Wege führen von dort direkt zum aussichtsreichen Stökkelberg, der sich zum Rasten und Schlendern anbietet

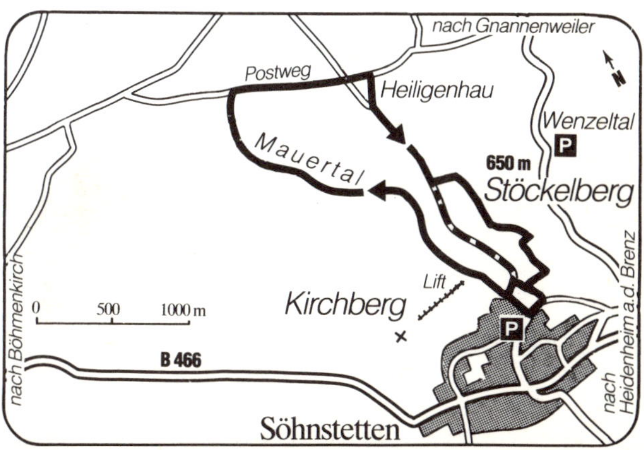

12

Zu den Segelfliegern auf dem Hornberg

Eine abwechslungsreiche Wald- und Aussichtswanderung über den Bernhardsberg und Furtlepaß zum Eldorado der Segelflieger auf dem Hornberg

Ausgangspunkt: Degenfeld, Ortsteil von Schwäbisch Gmünd, Abzweigung von der B 466 Süßen - Heidenheim in Weißenstein in Richtung Schwäbisch Gmünd
Weglänge: 14 km
Gehzeit: 3½ Stunden
Steigung: 400 m
Wanderkarte: 1:50 000, Blatt L 7324 Geislingen

Wir verlassen die bekannte Wintersportgemeinde auf der Straße nach Weißenstein, folgen dem roten Dreiblock am Ortsende nach links und schlendern durch die *»Glasklinge«* talaufwärts. Nach einem etwas steileren Waldanstieg erreichen wir eine Wegkreuzung auf der Hochfläche und gehen entsprechend der Markierung mit rotem Balken nunmehr nach links. Später folgen wir derselben halb rechts durch den Wald zur *Bernharduskapelle* und zum vorgelagerten Aussichtspunkt auf dem *Bernhardsberg* mit hübschem Blick übers Gmünder Becken zum Schwäbischen Wald (gut 1 Std.).

Dem gleichen Zeichen folgend, erreichen wir waldabwärts nach ¼ Stunde den *Furtlepaß.* Unmittelbar nach Überqueren der Straße geht es wohlmarkiert bergan. Bei dem einzelnstehenden Haus folgen wir nicht der Straße zum Fluggelände, sondern wandern geradeaus an zwei Baumgruppen rechts vorbei zum Waldrand beim *Luginsland,* der aussichtsreichen Nordspitze des Hornbergs. Bei der

Bank am Trauf genießen wir einen Prachtblick auf die nahen Kaiserberge Hohenstaufen, Rechberg und Stuifen, der schon unzähligen Malern und Fotografen als beliebtes Motiv diente (½ Std.). Nun schlendern wir zum nahen *Fluggelände,* das 1928 von Wolf Hirth entdeckt wurde. Nicht nur an Wochenenden ist hier viel Betrieb, da der Hornberg - neben Teck und Klippeneck - zu den dominierenden Segelflugplätzen auf der Schwäbischen Alb zählt.

Am Zaun entlang steigen wir auf gut markiertem Pfad bei weiterhin schöner Aussicht in 40 Minuten zur höchsten Erhebung der Ostalb, dem *Kalten Feld,* auf; hier befinden wir uns in 780 Meter Höhe.

Unmittelbar vor dem *Franz-Keller-Haus* zweigt unser Rückweg - jetzt mit blauem Balken markiert - scharf nach links ab. *Achtung:* Nach wenigen Minuten bei der beschilderten Tanne geht es halb rechts auf unscheinbarem Grasweg waldabwärts! Der gut bezeichnete Abstieg bringt uns in ½ Stunde bei hübscher Aussicht wieder zum Ausgangspunkt zurück.

Einkehrmöglichkeit: Gasthaus auf dem Hornberg, Franz-Keller-Haus (am Wochenende und in der Urlaubszeit auch täglich), Knörzer-Haus (Abstecher), Große Mulde

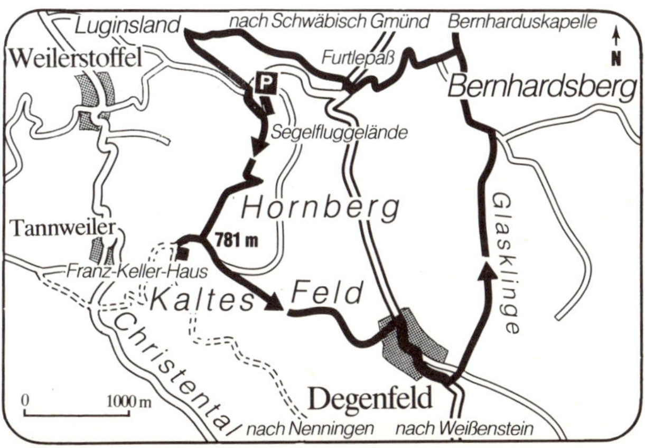

13

Zum höchsten Berg der Ostalb

Ein liebliches Tal, typische Wacholderhänge, herrliche Aussichtsstrecken zwischen Kaltem Feld und Galgenberg und zum Schluß eine Sehenswürdigkeit für den Kunstfreund

Ausgangspunkt: Nenningen, Ortsteil von Lauterstein, an der B 466 Süßen – Heidenheim. Parkplätze in Ortsmitte
Weglänge: 12 km
Gehzeit: 3 Stunden
Steigung: 375 m
Wanderkarte: 1:50 000, Blatt L 7324 Geislingen

Einkehrmöglichkeit: Franz-Keller-Haus (an Wochenenden und in der Urlaubszeit täglich geöffnet), Knörzer-Haus (Abstecher)

Zwischen *Kirche* und Kreissparkasse folgen wir der Markierung mit blauem Balken auf der Bergstraße und der Christentalstraße aus dem Dorf. Nach den letzten Häusern geht es am Rückhaltebecken des *Schwarzwiesenbachs* vorbei durch das hübsche Tal bergan. Nach Umgehung des Hofes Christental kommen wir nach gut ¾ Stunden zur malerisch gelegenen *Reiterleskapelle* auf dem Sattel zwischen Rechbergle und Kaltem Feld.

Hier folgen wir nun dem roten Balken und der Beschilderung in gut viertelstündigem Steilaufstieg nach rechts bei herrlichen Ausblicken ins Gmünder Becken, zu den Kaiserbergen und den Höhen der Geislinger Alb. Auf der Hochfläche führt uns die Markierung auf hübschem Grasweg nach links zum 780 Meter hohen *Kalten Feld.* Ein kleiner Abstecher nach links zum *Tannhaldenstein* überrascht mit hübschem Panorama ins Gmünder Land.

Der Weiterweg vom *Franz-Keller-Haus* und Aussichtsturm bedarf einiger Aufmerksamkeit, zumal die Markierung mit blauem Balken neuerdings zu wünschen übrigläßt. Wir gehen etwa 20 Minuten eben nach rechts über die Hochfläche, folgen dann nach Waldaustritt dem Asphaltweg und gehen rechts am Skilift entlang bei herrlicher Aussicht bergabwärts. Links unten liegt Degenfeld, rechts Nenningen und geradeaus unser nächstes Ziel, der *Galgenberg*. Beim Erreichen des Sattels gehen wir kurz rechts, dann eben nach links. Beim Schild »4/2 Burghalde« mögen müde Wanderer dem markierten Weg folgend talwärts gehen. Zum Galgenberg folgen wir dem breiten Weg in einem großen Bogen bergauf und dann rechts am Hang entlang zum aussichtsreichen Gipfelkreuz mit Prachtblick übers Lauter- und Filstal zum Messelstein, Burren, Wasserberg und Fuchseck bis zur Kirchheimer Alb (etwa 1 Std. seit Keller-Haus).

Direkt am Felsen führt ein schmaler Pfad durch die Wacholderheide abwärts zum markierten breiten Weg, der uns nach links direkt wieder zum Ausgangspunkt der herrlichen Tour führt (½ Std.).

Bemerkung:
Im Hochsommer ist der schattenlose Aufstieg beschwerlich.
In der Friedhofskapelle westlich der Nenninger Kirche, unmittelbar jenseits der Bundesstraße, befindet sich eine berühmte Pietà aus dem 18. Jahrhundert, die nachmittags besichtigt werden kann

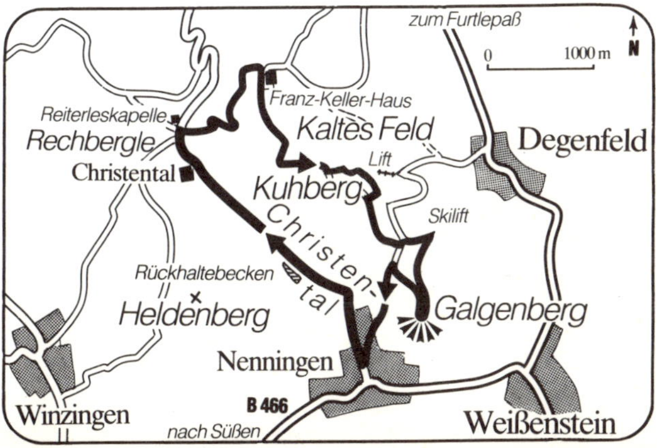

14

Blütenpracht auf dem Schönberg

Eine beglückende Aussichtswanderung im Bereich der vorgelagerten Zeugenberge mit Grillrast am Stuifen oder Einkehr im gastlichen Wißgoldingen

Ausgangspunkt: Winzingen, 3 km nordöstlich von Donzdorf, an der Straße nach Schwäbisch Gmünd
Weglänge: 14 km
Gehzeit: 3 Stunden
Steigung: 450 m
Wanderkarte: 1:50 000, Blatt L 7324 Geislingen

Einkehrmöglichkeit: Tannweiler (Abstecher), Wißgoldingen

Bemerkung: Besonders lohnend ist die Tour im zeitigen Frühjahr und an klaren Herbsttagen

Wir verlassen die Ortsdurchfahrt von *Winzingen* bei der Schule (Parkplätze) und gehen auf der Kaltenfeldstraße bergan. Nach den letzten Häusern folgen wir unserem asphaltierten Feldweg in einer großen Serpentine nach links bergauf. Auf der aussichtsreichen Höhe weist uns die Blaupunktmarkierung nach rechts über die Wiese zum nahen Wald und in wenigen Minuten bergauf zum Sattel; unmittelbar vor dem linker Hand ansteigenden Rechbergle und der vor uns liegenden *Reiterleskapelle* (3/4 Std.).

Unmittelbar bei der Kapelle führt uns die fortan gültige Markierung mit rotem Balken auf schmalem Pfad waldabwärts zum *Tannweiler Weg,* der als Heerstraße früher vom Asrücken am Rechberg, Stuifen und Rechbergle vorbei ins Christental führte. Schon nach wenigen Schritten steigen wir auf dem Grasweg - ohne Markierung und zuletzt weglos - zum *Schönberg* auf.

Eine herrliche Rundumsicht und ganze Polster von Enzian, Gold- und Silber-

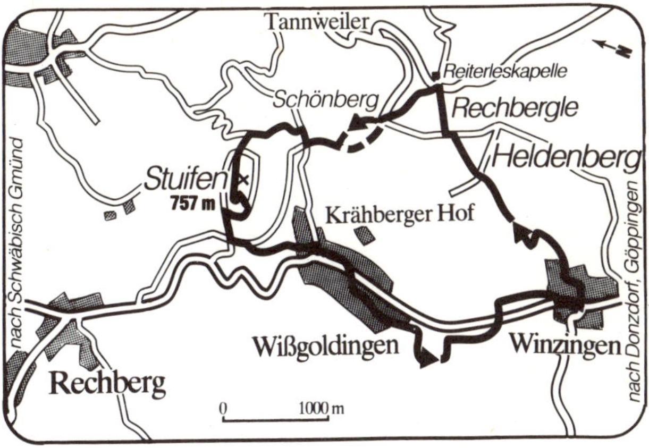

disteln (alle geschützt!) lohnen den kleinen Abstecher und Aufstieg.

Auf einem Trampelpfad geht es am jenseitigen Hang wieder zum breiten Weg hinab. Schon nach wenigen Minuten führt uns die Markierung mit rotem Balken zunehmend steil bergauf zum *Stuifen* (3/4 Std. seit Kapelle). Erst unterhalb des Gipfelkreuzes eröffnet sich beim Rastplatz, am jenseitigen Abhang, eine prächtige Aussicht übers Rehgebirge zum Hohenstaufen und Rechberg. *Achtung:* An heißen Sommertagen und nach starkem Regen sollte man den Stuifen besser auf der Heerstraße umgehen.

In wenigen Minuten führt uns nun der markierte Weg zum Waldrand und hier nach links bergab in 1/4 Stunde nach *Wißgoldingen.* Wir verlassen die Ortsdurchfahrt beim Gasthaus Adler nach rechts, gehen beim »Löwen« links an der Kirche, am Rathaus und am »Hirsch« vorbei und folgen im »Sommerrain« der Alten Steige in angenehmem Abstieg talwärts in 1/2 Stunde zum Ausgangspunkt in Winzingen.

Reiterleskapelle:
Malerisch auf dem Christentalpaß unter einer riesigen Linde stehend, wurde 1717 von der Tannweiler Familie Reiter gestiftet

Stuifen:
War früher, wie auch der blumenreiche Schönberg eine baumlose Heide- und Weidelandschaft. Um der Gefahr von Hochwasser vorzubeugen, wurde das Gelände um die Jahrhundertwende aufgeforstet

15

Auf den Spuren der Staufer

Abwechslungsreiche Wanderung zu den geschichtsträchtigen Kaiserbergen Hohenstaufen und Hohenrechberg

Ausgangspunkt: Ottenbach, wenige Kilometer nördlich von Salach bei Göppingen an der »Straße der Staufer«
Weglänge: 19 km
Gehzeit: 4½ Stunden
Steigung: 500 m
Wanderkarte: 1:50 000 Blatt L 7324 Geislingen

Einkehrmöglichkeit: Hohenstaufen, Schutzhütte auf dem Hohenstaufen (freitags geschlossen), Albvereinshütte bei der Ziegelhütte, Hinterweiler, Burgschenke Hohenrechberg, Kirchberg, Vorderweiler, Märchengarten, Ottenbach

Wir verlassen das Dorf durch die Schulstraße, passieren einen *Park- und Spielplatz* und steigen, dem blauen Punkt folgend, durch Wald und Viehweiden steil auf nach *Hohenstaufen* (40 Min.). Im Ort gehen wir kurz links, dann bergauf durch die Pfarrgasse und am *Barbarossakirchlein* vorbei in 20 Minuten zum einst burggekrönten Hohenstaufen.

Wir verlassen den berühmten Aussichtsberg waldabwärts auf den mit rotem Balken markierten Zickzackpfaden. Bei der Ziegelhütte geht es kurz entlang der Straße, dann, der Ziffer 4 folgend, auf aussichtsreichem Hangweg durch die Felder. Bei der Straßengabelung verlassen wir den Asrücken und steigen bergan auf reizvollem Kammweg zum Rechberger Ortsteil *Hinterweiler.* Auf dem Schloßbühlweg folgen wir dem »Geologischen Pfad« steil bergauf zur Ruine *Hohenrechberg,* einer der schönsten Burgen der Schwäbischen Alb (1½ Std. seit Hohenstaufen).

Auf dem Stationenweg geht es zum letzten Mal steil hinauf zur Wallfahrtskir-

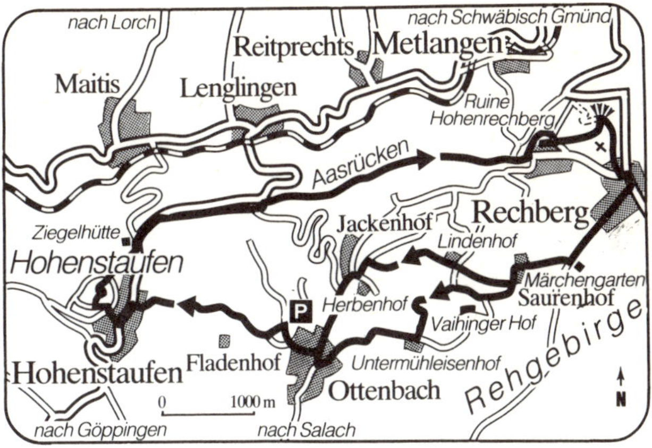

che auf dem Hohenrechberg oder Kirchberg, mit erstmaligem Ausblick gen Osten. Weiter dem roten Balken folgend, geht es an der Kirche in Zickzackpfaden bergab zum Ortsteil *Vorderweiler* (10 Minuten). Hier folgen wir kurz der Straße und verlassen auf der Staufeneckstraße den Ort.

Auf der ehemaligen Heerstraße gehen wir - bei herrlichem Blick zu den Kaiserbergen - 20 Minuten übers Rehgebirge, dann weist die Markierung am *Märchengarten* vorbei zum nahen *Saurenhof. Achtung:* Hinter dem Hof geht es wenige Schritte nach links bergab. Unmittelbar nach der Schlucht führt der dürftig markierte Weg durch die Wiesen bergab zum Lindenhof und Herbenhof in 3/4 Stunden nach *Ottenbach.*

Hübscher ist es, wenn man am Waldrand geradeaus weitergeht, und über den Sporn absteigt. Auf dem Sattel zwischen den Höfen gehen wir kurz halb links, dann geradeaus durch den Wald zum Untermühleisenhof. Nach rechts führt der Weg direkt nach Ottenbach zurück.

Bemerkung:
Im Hochsommer bei praller Sonne sowie bei starkem Wind ist die Tour über die freie Höhe nicht zu empfehlen

Hohenstaufen:
Durch Funde aus der Hallstatt- bis zur Römerzeit ist schon eine frühe Besiedlung nachgewiesen. Im 11. Jahrhundert als Stammsitz der Staufer mit einer Burg überbaut, die 1525 im Bauernkrieg zerstört wurde

Hohenrechberg:
Die Burg der Herren von Rechberg wird erstmals im 13. Jahrhundert erwähnt: Sie wurde 1865 durch Blitzschlag zerstört

16

Mehrtagestour rund um die Göppinger und Geislinger Alb

Diese überaus lohnende Aussichtswanderung führt zu den schönsten Zielen beidseits des Filstals. Die Tour läßt sich beliebig variieren und abkürzen

Ausgangspunkt: Eislingen; östlich von Göppingen
Weglänge: 100 km
Gehzeit: 4 bis 5 Tage
Wanderkarten: 1:50000 Blätter L 7324 Geislingen und L 7524 Blaubeuren

Einkehrmöglichkeit: Wanne, Hohenstaufen, Ziegelhütte, Hinterweiler, Burg Rechberg, Kirchberg, Rechberg-Vorderweiler, Kaltes Feld, Hornberg, Weißenstein, Kuchalb, Geislingen, evtl. Helfenstein, Weiler, Amstetten, Türkheim, Aufhausen, Berneck, Deggingen, Wasserberg

Wir folgen in *Eislingen* der Beschilderung Richtung Krummwälden - Ottenbach, gehen über die Hohenstaufenstraße und den Tälesweg zum Talgrund und wandern über den Wannenhof bergauf zum *Hohenstaufen.* Über die Ziegelhütte und den *Asrücken* gehen wir bei herrlichem Panorama zum *Hohenrechberg* und *Stuifen.* Bei der *Reiterleskapelle* steigen wir steil auf zum *Kalten Feld,* wechseln nach dem *Hornberg* über den *Furtlepaß* zum *Bernhardsberg.* Hier können wir wahlweise dem roten Dreieck oder dem roten Dreiblock folgen, der uns durch die Glasklinge nach Degenfeld und Weißenstein führt. Auf dem Traufweg gelangen wir über den *Messelstein* auf die *Kuchalb* und steigen über den Hohenstein und den *Tegelberg* ab nach *Geislingen.*

Ein schattiger Aufstieg führt hier wohlmarkiert zur umfangreichen *Burgruine Helfenstein.* Über Weiler geht es am Ödenturm vorbei fast eben durch den Wald zum Steighof beim Bahnhof *Amstetten.* Markierungsgemäß wechseln wir hier über Bahn und Bundesstraße und passieren am jenseitigen Hang bei jeweils schöner Talsicht den Wittinger Fels, den Tiroler Fels und den Geiselstein. Beim Ostlandkreuz auf der Schildwacht folgen wir weiter dem Randweg, und kommen - an Höhlen und Aussichtsfelsen vorbei - nach *Türkheim* und *Aufhausen*. Von hier aus können wir entweder über die Wallfahrtskirche Ave Maria steil nach *Deggingen* absteigen oder am Polizeifunkturm vorbei zum Hof Berneck und zu den vorwitzigen Oberbergfelsen wandern und von diesen auf gleichfalls markiertem Pfad absteigen.

In Deggingen geht es kurz und steil bergauf zur Nordalb und bei angenehmer Waldwanderung wohlmarkiert zum Fuchseck. Hier folgen wir der Beschilderung leicht waldabwärts zum Gairenhof und auf einem der bezeichneten Wege bergauf zum Albvereinsheim auf dem gleichfalls aussichtsreichen *Wasserberg*. Über den *Dollenhau* oder über den *Grünenberg* führen markierte Wege wieder zum Ausgangspunkt in Eislingen zurück.

Übernachtungsmöglichkeit:
Hohenstaufen, in den Rechberger Ortsteilen, Wißgoldingen, Hornberg, Weißenstein, Naturfreundehaus Immenreute, Geislingen, Weiler, Amstetten, Wittingen, Türkheim, Aufhausen, Deggingen, Wasserberg

Bemerkung:
Bei der Planung der Tour sollte man von den Übernachtungsmöglichkeiten ausgehen. Obwohl fast von jedem Punkt aus vorzeitige Rückfahrgelegenheiten bestehen, empfiehlt es sich, die Nachtquartiere vorzubestellen

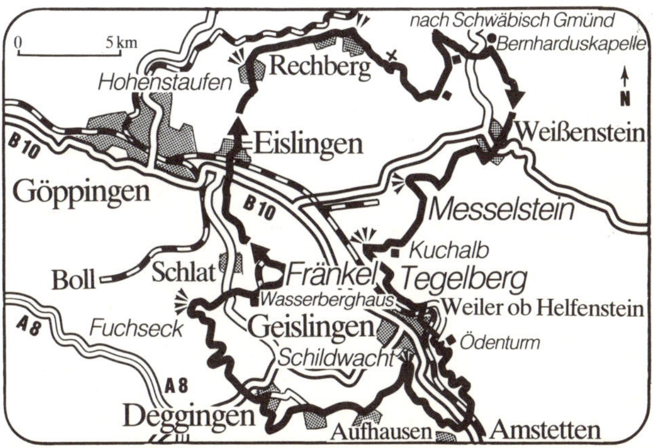

17

Zum Schloß Ramsberg und Staufeneck

Eine leichte Aussichtswanderung ins Rehgebirge zu zwei stattlichen Burgen und einem verlockenden Ziel für Pferdefreunde

Ausgangspunkt: Süßen, zwischen Göppingen und Geislingen an der B 10
Weglänge: 8 km
Gehzeit: 2 Stunden
Steigung: 200 m
Wanderkarte: 1:50 000 Blatt L 7324 Geislingen

Einkehrmöglichkeit: Staufeneck (donnerstags geschlossen)

Bemerkung: Nach Schneeschmelze oder Regenwetter sind Kniebundhosen oder Gummistiefel angebracht

Wir folgen beim *Bahnhof Süßen* zunächst der Markierung mit blauem Balken, gehen durch die Staufeneckstraße, wo man bei der Gießerei Strassacker am Wochenende auch genügend *Parkplätze* vorfindet. Kurz vor der Fabrik gehen wir auf dem Gehweg der Kuntzestraße nach rechts bis zum Verwaltungsgebäude der Firma Keller-Bau. Hier folgen wir der Wiesgärtenstraße nach links, wenden uns sofort wieder nach rechts und wandern an den Schrebergärten vorbei zum bereits sichtbaren ehemaligen *Baierhof* (20 Min.).

Unser Weiterweg führt zwischen den Gebäuden in weiteren 20 Minuten waldaufwärts zur freien Hochfläche. Ein kleiner Abstecher bringt uns in kaum 5 Minuten nach rechts zum *Schloß Ramsberg,* ehemals im Besitz der Herren von Rechberg. In den Stallungen des Schlosses ist seit 1972 ein Trakehner-Gestüt. Die hier gezüchteten Tiere sind begehrte Reitpferde und entstammen einer Kreuzung von ostpreußischem Warmblut und englischem Vollblut.

Nun schlendern wir auf demselben Weg zurück und genießen den schönen Blick auf die Berge der Ostalb und die Dörfer und Höfe des sogenannten Rehgebirges.

Nach etwa 15 Minuten erreichen wir die freie Hochfläche nahe dem Schillingshof. Unmittelbar vor dem Wasserbehälter weist ein Schild an einem Masten nach links zum Staufeneck. Der Markierung mit blauem Balken zufolge, geht es hier über die Wiese und nach links in den Wald. Nach kaum ½ Stunde erreichen wir das Hofgut und, nach Überschreiten des Steges über den Burggraben, die Burganlage *Staufeneck*. Vom Restaurant, vom drei Meter dick gemauerten Turm oder von der Aussichtsplattform bietet sich ein prächtiger Blick über das weite Filstal zu den Bergen der Geislinger und Kirchheimer Alb. Der Abstieg erfolgt zunächst auf der Straße. Nach der ersten Rechtskurve weist die Markierung nach links waldabwärts zum Ausgangspunkt, den wir in 20 Minuten wieder erreichen.

Schloß Ramsberg:
Letzte erhaltene Staufer-Reichsburg, entstand unter Konrad IV. Mitte des 13. Jahrhunderts. Über dem Keller mit seinem Kreuzgewölbe befindet sich das Steinhaus mit dreischiffiger Halle und gotischem Rippengewölbe. Burggraben, Ringmauer und eine alte Kapelle ergänzen die stattliche Anlage

Burgruine Staufeneck:
Soll im 11. Jahrhundert entstanden sein. Der Rundturm wird von den Resten einer romanischen Wohnburg flankiert, unter der sich Gewölbe befinden

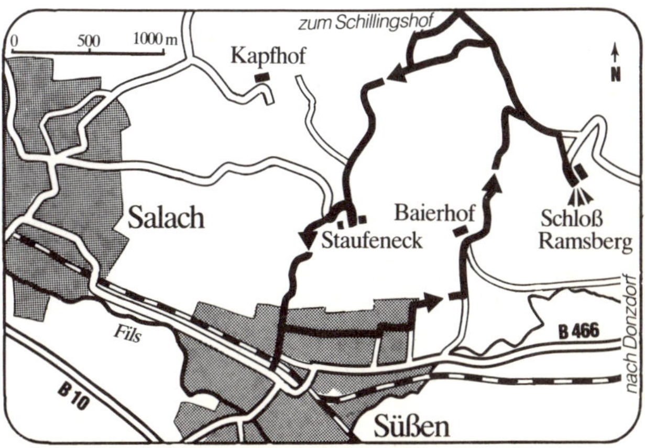

18

Zu Segel- und Drachenfliegern beim Messelberg

Trotz des Aufstiegs auf dem Fahrweg lohnt sich die Wanderung zum Scharfenschloß und zu den herrlichen Aussichtspunkten entlang dem Traufweg

Ausgangspunkt: Donzdorf
Weglänge: 15 km
Gehzeit: 3½ Stunden
Steigung: 450 m
Wanderkarte: 1:50 000 Blatt L 7324 Geislingen

Einkehrmöglichkeit: Kuchalb, Naturfreundehaus Immenreute

Wir verlassen *Donzdorf* bei der *Kirche* durch die Schloßstraße (Parkplätze). Bei der Bäckerei Frey gehen wir durch die Seegasse und Schloßgartenstraße, überqueren bei der Schloßmauer die Bahngleise und folgen kurz dem Bahndamm nach links. Beim kleinen See gehen wir am Bach entlang und steigen am Ende des Friedhofs beim Kleingärtnerhaus auf dem Hans-Biller-Gässle den Treppenweg zwischen den Schrebergärten nach rechts kurz und steil zum Sträßchen Richtung Kuchalb auf. Nach etwa ½ Stunde passieren wir den *Scharfenhof* und genießen bald schöne Ausblicke übers Filstal. Nach wenigen Minuten folgen wir auf dem Sattel beim Lichtmasten 25 dem abgeschrankten Waldweg nach links zu einem kurzen Abstecher zur umfangreichen Ruine des neuerlich renovierten spätgotischen *Scharfenschlosses* (12. Jh.).

Auf dem weiteren Anstieg verlassen wir kurz vor dem Weiler *Kuchalb* – beim 2. Bildstock (Masten 41) – den Fahrweg und gehen auf markiertem Wiesenpfad

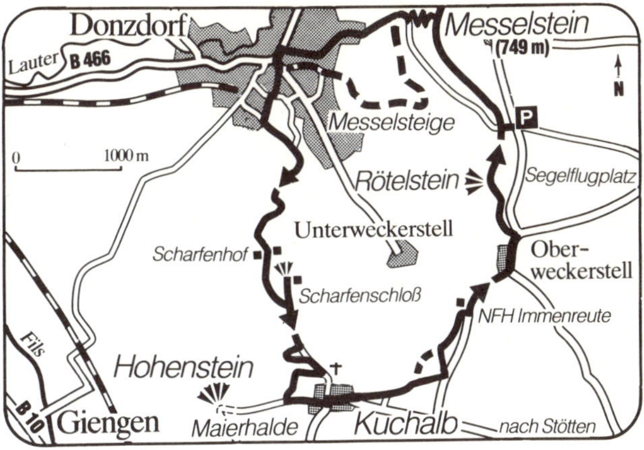

kurz nach rechts zur aussichtsreichen *Maierhalde.* Wenige Schritte danach führt ein Weg nach den Viehweiden nach links zur Kuchalb. (1¼ Std. seit Donzdorf).

Wir verlassen den Weiler und folgen dem Traufwald oder dem mit rotem Dreieck bezeichneten Fahrweg am *Naturfreundehaus* vorbei zum Hof Oberweckerstell. Kurz nach der beschilderten Abzweigung nach Donzdorf weist das rote Dreieck den Weg zum Trauf mit dem aussichtsreichen *Rötelstein.* Bei der nahen *Kapelle* sind wir im Zentrum zwischen Segelflugplatz, Modellflugplatz und der Startrampe der Drachenflieger. Nun geht es leicht bergab zum *Fliegerheim* an der Messelsteige. Hier verlassen wir markierungsgemäß die freie Hochfläche und wandern auf idyllischem Waldpfad mit prächtigem Talblick am *Messelberg* entlang in 1¼ Stunden (seit Kuchalb) zum *Messelstein.*

Für den Abstieg gehen wir etwa 5 Minuten zurück und folgen dort dem blauen Dreieck in ¾ Stunden zum Ausgangspunkt zurück.

Bemerkung:
Nach dem Abstieg vom Messelstein sollten weniger geübte Wanderer beim Erreichen der Straße dem Parallelweg neben der Straße zur Stadt folgen, zumal ab hier der offizielle Wanderweg spärlich markiert ist. Dieser Weg führt sofort in der Kehre geradeaus den Grashang abwärts, durch den Wald, über einen Querweg durch einen Hag und über die Wiese bergab zur Bergstraße in Donzdorf

19

Durch drei Täler im Landschaftsschutzgebiet um Eybach

Die 43 m hohe Roggennadel und viele weitere attraktive Kletterfelsen säumen den Wanderweg zur freien Albhochfläche

Ausgangspunkt: Eybach, Stadtteil von Geislingen
Weglänge: 15 km
Gehzeit: 3 Stunden
Steigung: 250 m
Wanderkarte: 1:50000 Blatt L 7324 Geislingen

Einkehrmöglichkeit: Waldhausen, Skihütte (an Wochenenden)

Wir beginnen die Tour bei der *Kirche,* folgen beim Haus »Marienplatz 5« der Schulstraße und verlassen den Ort durch die Rösgasse. Bei der Brücke am Ortsende gehen wir markierungsgemäß etwa 200 Meter auf der Straße Richtung Waldhausen. In der Rechtskehre weist uns die rote Dreiblockmarkierung geradeaus. Teils im Wald, teils am Waldrand, wandern wir gut eine halbe Stunde talaufwärts, bis wir bei der *Unteren Roggenmühle* die Straße erreichen. Die rote Raute und Schilder weisen uns rechts die Wiese entlang den Weg ins schluchtige *Magentäle* (bei der Feldhütte schöner Blick auf Roggenstein und Roggennadel). Nach etwa 30minütigem Kraxeln öffnet sich das Tal und wir erreichen eine Hochwiese. *Achtung:* Beim Lichtmasten führt uns ein Stichweg nach rechts aufwärts durch den Tannenwald! Die Markierung leitet uns nun immer am rechtsseitigen Waldrand und an hübschen Wacholderhängen entlang, bis der rote Dreiblock nach links auf befestigtem Feldweg über die Hochfläche weist. An einer Feldscheune vorbei geht es kerzengerade über Bahngleis und Straße nach *Waldhausen* (insgesamt 1¾ Std.).

Nach der Kirche geht es nach rechts auf der Gussenstadter Straße am »Ochsen« vorbei aus dem Dorf. Leider müssen wir die ¼ Stunde bis zum *Christofshof* entlang der Straße gehen. Markierungsgemäß geht es hier zwischen den Gebäuden hindurch über die Felder. Kurz vor der Skihütte geht es links durch den Wald an einer Sprungschanze vorbei zu einer markanten Kreuzung in der Senke. *Achtung:* Die Beschilderung ist hier irreführend! Hier nicht geradeaus, sondern nach rechts gehen! Der dann wieder eindeutige Weg führt uns durch das reizvolle Felsental bergab. Eine attraktive Einlage unserer abwechslungsreichen Wanderung ist die Überwindung eines Felsriegels über eine stabile Eisenleiter.

Der rote Dreiblock führt uns bald aus dem Wald und durch den hübschen Ort zum Ausgangspunkt zurück (etwa 1¼ Std. seit Waldhausen).

Eybach:
1275 erstmals erwähnt, hat seinen Namen von den hierzulande seltenen Eiben, von denen in der Umgebung des Dorfes noch etwa 300 Exemplare anzutreffen sind. Neben dem Schloß aus dem 18. Jahrhundert ist die spätgotische Kirche aus Kalktuffquadern zu erwähnen, mit hölzernem Ölberg-Christus und einem Taufstein von 1470 und zahlreichen spätmittelalterlichen Grabmälern der Herren von Degenfeld

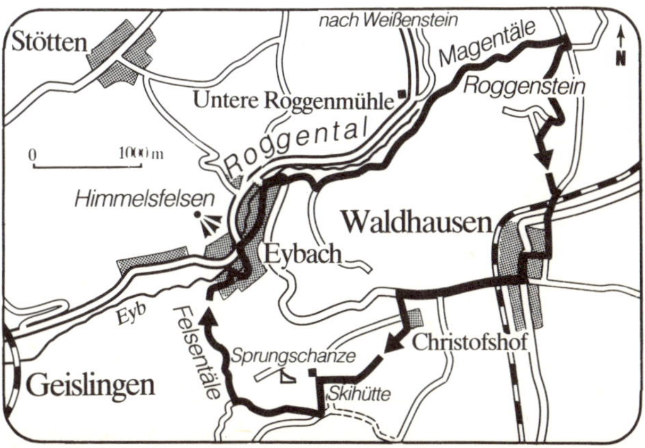

20

Fels- und Aussichtswanderung rund um das Eybtal

Viele schöne Touren haben ihren Ausgangspunkt in der Fünftälerstadt Geislingen. Diese Wanderung ist besonders attraktiv und abwechslungsreich

Ausgangspunkt: Geislingen an der Steige
Weglänge: 14 km
Gehzeit: 3½ Stunden
Steigung: 400 m
Wanderkarte: 1 : 50 000 Blatt L 7324 Geislingen

Einkehrmöglichkeit: Eybach, Weiler, evtl. Burg Helfenstein

Ruine Helfenstein: Durch fünf Gräben gesicherte Burganlage aus dem 11. Jahrhundert auf aussichtsreichem Bergsporn. Später als Festung ausgebaut, im 16. Jahrhundert zerstört und geschleift. Neuerdings gut renoviert

Wir beginnen die Tour am besten beim *Bahnhof,* nachdem wir in der weiteren Umgebung einen gebührenfreien Parkplatz gefunden haben. Hier folgen wir in nördlicher Richtung der Heidenheimer Straße und gehen beim Haus Nr. 54 (Mutscheller Möbel) der Markierung mit roter Raute folgend nach rechts und am Bahndamm entlang zur Straße nach Eybach. Unmittelbar nach der Bahnunterführung wechseln wir zur Straße Richtung Schnittlingen.

Nach etwa 100 Metern gehen wir markierungsgemäß scharf links auf Zickzackpfaden waldaufwärts. *Achtung:* Später, vor dem Überqueren der Straße, nicht nach links, sondern nach rechts gehen! Nach etwa ¾ Stunden haben wir den imposanten Kessel beim aussichtsreichen *Anwandfelsen* erklommen, der einen herrlichen Blick auf die so schön gelegene Industriestadt bietet.

In leichtem Auf und Ab schlendern wir nun auf wohlmarkiertem Traufweg in ½ Stunde zum mächtigen *Himmelsfelsen,*

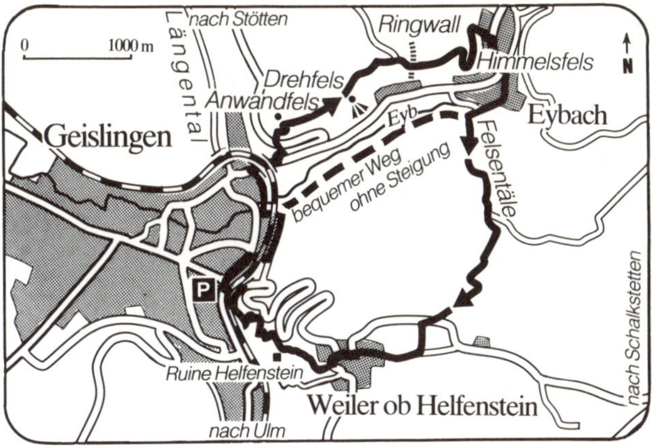

einem Kletterfelsen mit prächtigem Tiefblick ins Eyb- und Roggental. Der Beschilderung folgend, steigen wir in ¼ Stunde hinab nach *Eybach.*

Bei der Kirche weist uns die Markierung mit rotem Dreiblock durch die Mühlstraße zum Waldweg Richtung Geislingen. Wem der nochmalige Aufstieg zu beschwerlich ist, kann hier auf der linken Talseite auf ebenem Weg direkt nach Geislingen zurückwandern.

Unsere Route folgt indes der Beschilderung nach links durch das romantische Felsental. In gemächlicher Steigung kommen wir zu den Treppen, die den Felsriegel am Talende überwinden. Kurz danach teilt sich der markierte Weg, und wir steigen kurz und steil nach rechts auf zur freien Hochfläche. Nach etwa 1 Stunde seit Eybach passieren wir das gastliche *Weiler ob Helfenstein* und erreichen ¼ Stunde später die umfangreiche Burgruine mit herrlichem Panorama. Wohlmarkiert führt unser Abstieg in 20 Minuten zum Bahnhof zurück.

Geislingen:
Funde bis zur Steinzeit belegen die frühe Besiedlung der Umgebung. Neben dem Helfensteinschen Stadtschloß aus dem 14. Jahrhundert, dem Alten Rathaus, dem Schubarthaus und der Stadtkirche aus dem 15. Jahrhundert ist der mächtige Fachwerkbau des Fruchtkastens aus dem 16. Jahrhundert besonders sehenswert

21

Wald- und Aussichtswanderung rund um den Tegelberg

Eine Rundtour für Freunde wenig begangener Wege, die durch schattige Wälder zu herrlichen Aussichtskanten über dem Filstal führt

Ausgangspunkt: Geislingen; Parkstreifen in der Schützenstraße beim Campingplatz
Weglänge: 14 km
Gehzeit: 3 Stunden
Steigung: 350 m
Wanderkarte: 1:50 000 Blatt L 7324 Geislingen

Einkehrmöglichkeit: Gasthaus Waldesruh, »Mutter Franzl«, evtl. Berghof

»Mutter Franzl«: Die 1920 verstorbene Wirtin war als »Mutter Franzl« ein weitbekanntes Original. Das Ausflugslokal führt ihr zu Ehren noch heute ihren Namen

Ob man mit der Bahn oder dem Wagen in die Fünftälerstadt kommt, ist gleichgültig; der *Campingplatz* ist jedenfalls leicht zu finden. Ein Grasweg führt zum jenseitigen Talhang, wo wir dem verkehrsfreien Sträßchen und der roten Raute durch das hübsche *Längental* bergan folgen. Kurz nach der »Waldesruh« gabelt sich der markierte Weg zur Kuchalb. Hier halten wir uns links und kommen nach zuletzt steilem Anstieg durch das schluchtige Talende zur freien Hochfläche, wo es nach rechts zum Weiler Kuchalb geht (1 Std.).

Der alternativ nach rechts ausholende, breite Weg beginnt mit dem etwas steileren Anstieg und führt dann durch den Wald auf die freie Höhe der *Kuchalb.*

Wenn wir nicht bei *»Mutter Franzl«* einkehren wollen, folgen wir bei der Gabelung am Ortseingang kurz der Straße Richtung Donzdorf bergab, dann aber dem roten Dreieck und der Beschilderung nach links zur nahen Maierhalde mit prächtigem Blick auf die Berge beidseits des Filstals.

Wohlmarkiert geht es am Trauf zum nahen Aussichtspunkt auf dem *Hohenstein* (gut 20 Minuten). Hier nicht absteigen, sondern der roten Raute folgend in leichtem Auf und Ab auf schmalem Pfad immer am Trauf entlangwandern. Nach etwa einer Stunde erreichen wir die Aussichtskante des *Tegelbergs* mit herrlichen Ausblicken über Geislingen ins Geißentäle und zu den Bergen der Geislinger Alb.

Unmittelbar nach der kleinen Schutzhütte geht es markierungsgemäß bei der »Georgsruhe« auf wohlgepflegtem Zickzackweg waldabwärts. Beim Erreichen des Bahnkörpers geht es geradeaus zum *Bahnhof.* Der markierte Weg Richtung Längental führt eben vor dem Bahndamm nach links und auf dem anfangs erwähnten Graspfad wieder zum Parkplatz beim Campingplatz zurück (gut ½ Std. seit Tegelberg).

Einen schönen Abschluß findet die Wanderung bei einem Bummel durch die Fußgängerzone von Geislingen.

Bemerkung:
Der schattigen Waldstrecken wegen ist die Tour getrost auch an warmen Tagen zu empfehlen. Eine etwas kürzere Variante mit nur geringem Höhenunterschied ermöglicht die Auffahrt von Donzdorf zur Kuchalb. In diesem Fall folgt man der Beschreibung bis zu der kleinen Schutzhütte am Tegelberg, schwenkt dann aber nach links und geht auf breitem Weg am Berghof vorbei zurück zur Kuchalb

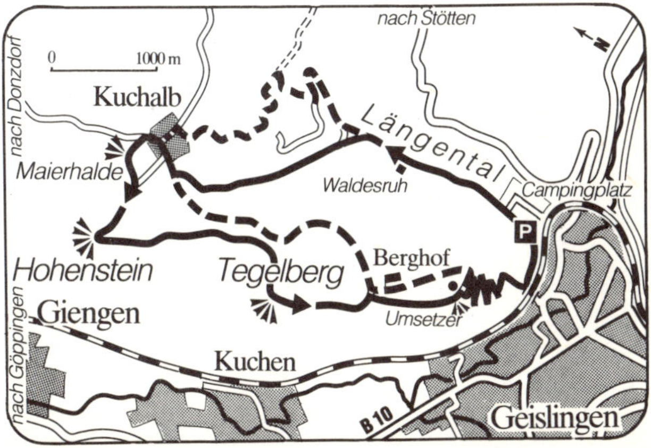

22

Zu Burgen und Felsen beidseits der Geislinger Steige

Eine stramme Wald- und Aussichtswanderung hoch über der betriebsamen B 10 und dem Albanstieg der Eisenbahn im Rohrachtal

Ausgangspunkt: Bahnhof von Geislingen
Weglänge: 20 km
Gehzeit: 4½ Stunden
Steigung: 500 m
Wanderkarten: 1:50 000, Blätter L 7324 Geislingen und L 7524 Blaubeuren

Einkehrmöglichkeit: Ruine Helfenstein, Weiler, Ziegelhütte, Amstetten und Wittingen (Abstecher)

Wir folgen beim Bahnhof kurz der Straße nach Norden, gehen bei der nahen Abzweigung der Straße nach Heidenheim durch die Unterführung Richtung Weiler und sofort rechts die Treppen hinauf. Vom roten Dreieck geführt, steigen wir auf dem Naturlehrpfad auf schattigem Zickzackweg in ½ Stunde auf zur aussichtsreichen *Burgruine Helfenstein* aus dem 11. Jahrhundert.

Leicht ansteigend erreichen wir den Stadtteil *Weiler.* Der mit gelbem Dreieck markierte Weiterweg führt bei den ersten Häusern durch eine schluchtartige Waldmulde in 10 Minuten zum *Ödenturm.* Von der Aussichtsplatte des Wachtturms (15. Jahrhundert) führt uns ein reizvoller Traufpfad in etwa 30 Minuten zum *Galgenbergfelsen.* In leichtem Auf und Ab geht es weiter zum Mühlentäle und kurz danach bei der Weggabelung auf markiertem Pfad nach rechts zum *Mühltalfelsen* mit fotogenem Ausblick über Bahn und Straße ins Rohrachtal (½ Std.).

Ohne fehlgehen zu können, erreichen

wir nach 1/4 Stunde bei der Ziegelhütte die Amstetter Brücke, die wir überqueren. Nun halten wir uns kurz Richtung Geislingen, verlassen aber die Bundesstraße unmittelbar danach auf dem Landsträßchen Richtung Wittingen. Bei der scharfen Linkskurve - unmittelbar nach der Anlage der Landeswasserversorgung - gehen wir auf dem zweiten Weg nach rechts in den Wald und kommen nach stark einer halben Stunde, zuletzt etwas absteigend, zum aussichtsreichen *Wittinger Felsen.* Nun geht es wieder waldaufwärts, an Wittingen vorbei, auf schattigem Traufpfad zum *Tiroler Felsen* (1/2 Std.). Gegenüber grüßt bereits der mächtige Felsklotz des Geiselsteins, den wir nach 1/4 Stunde erreichen. Ein idealer Rastplatz mit prächtigem Blick ins Tal.

Auf gut markiertem Weg geht es nun fast eben in 20 Minuten zur Aussichtskanzel der *Schildwacht.* Unmittelbar beim Ostlandkreuz steigen wir auf zunächst schmalem Zickzackpfad in 1/2 Stunde nach *Geislingen* ab.

Bemerkung:
Im Winter ist die Tour, falls es die Schneelage zuläßt, in umgekehrter Richtung zu empfehlen, da man dadurch ganztägig Sonne haben kann

Albaufstieg:
Die 1845–50 erbaute Bahnstrecke wird mit zusätzlicher Schublokomotive betrieben

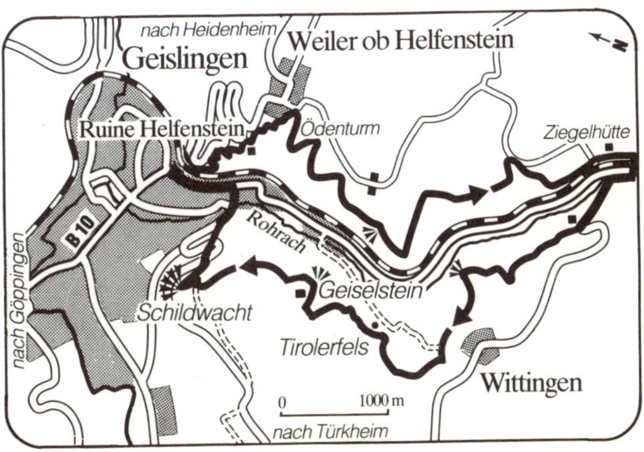

23

Spaziergang übers Guckele zum Quelltopf der Lone

Kurze Wanderung entlang dem Salenberg mit hübscher Aussicht bei nur geringer Steigung

Ausgangspunkt: Parkplätze beim Bahnhof von Lonsee an der Linie Geislingen – Ulm, 3 km östlich der B 10 bei Urspring
Weglänge: 7 km
Gehzeit: 2 Stunden
Steigung: 80 m
Wanderkarte: 1:50000, Blatt L 7524 Blaubeuren

Einkehrmöglichkeit: Urspring, Lonsee

Bei der *Gaststätte Holl* überschreiten wir die Bahngleise (Überführung). Zunächst dem gelben Dreiblock folgend, gehen wir zwischen dem Bahnkörper und dem ehemaligen Zementwerk nach links aus dem Ort. Mit viel Wandergenuß schlendern wir alsbald durch das von Wacholder und allerlei Wildgewächsen gesäumte Tal, entlang dem unter Naturschutz stehenden Salenberg. Auf unmarkiertem Weg gelangen wir bald in ein ebenfalls reizvolles Seitental. *Achtung:* Dieses verlassen wir nach den Schrebergärten und folgen dem gleichfalls unbezeichneten, breiten Weg scharf nach links waldaufwärts. Nach wenigen Minuten genießen wir auf der Höhe einen hübschen Rückblick und gehen dann auf etwas verwachsenem Weg vollends durch den Wald zur freien Hochfläche auf dem *Guckele.* Bis hierher erfordert der Weg unsere genaue Aufmerksamkeit. Zudem kann es auf den unbefestigten Wegen nach Regen oder Tau nasse Füße geben, weshalb gutes Schuhwerk zu empfehlen ist.

Ebenen Weges geht es nun, teilweise im Gras, am Waldrand entlang nach rechts, wo wir bald auf den nun gut markierten Weiterweg in Richtung Urspring stoßen. Bei hübscher Rundsicht folgen wir dem gelben Dreiblock durch die Getreidefelder und schließlich hangabwärts nach *Urspring* (etwa 1¼ Std. seit Ausgangspunkt der Wanderung).

Nahe der Kirche führt uns der markierte Weg zum *Quelltopf der Lone,* die – bei einem Durchmesser von 10 Metern – in 6 Meter Tiefe entspringt. Ähnlich der Donau bei Tuttlingen, versickert auch die junge Lone schon nach wenigen Kilometern im Karstgestein und tritt erst nach 8 Kilometern bei Langenau in den Nauquellen wieder zutage.

Anschließend gehen wir zurück, schauen uns die ehemalige Klosterkirche von 1622 noch etwas näher an und schlendern dann auf der Kirchstraße aus dem Ort und durch die Felder zwischen Gukkele und Hägelesberg talabwärts in ½ Stunde zum Ausgangspunkt zurück.

Bemerkung:
Funde aus der Hallstattzeit belegen die frühe Besiedlung um den Loneursprung. Zwischen Urspring und Lonsee befand sich einst das römische Kohortenkastell »ad Lunam«

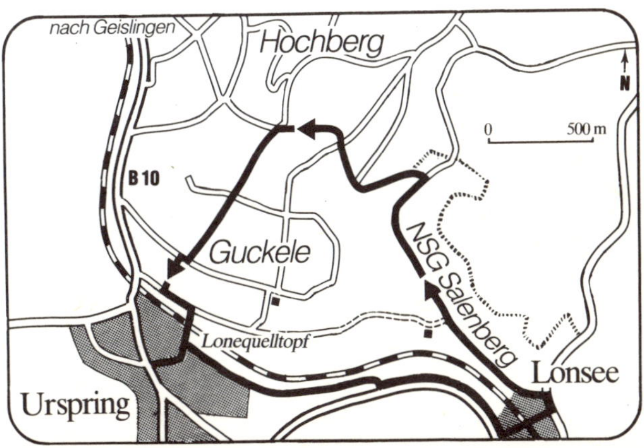

24

Bequeme Aussichtswanderung rund um den Hungerberg

Der geringe Höhenunterschied macht die kurzweilige Traufwanderung zu einem genüßlichen Familienausflug – einschließlich Grillparty

Ausgangspunkt: Türkheim, Teilort von Geislingen, 5 km oberhalb der Stadt an der Straße nach Blaubeuren
Weglänge: 13 km
Gehzeit: 3 Stunden
Steigung: 100 m
Wanderkarten: 1:50 000, Blätter L 7324 Geislingen und L 7524 Blaubeuren

Vom Dorfgemeinschaftshaus gehen wir zur nahen *Kirche* und folgen unmittelbar danach dem roten Dreiblock der Albvereinsmarkierung am Trauf entlang nach rechts. Nach wenigen Minuten passieren wir den *Burgstall,* wo nur noch ein Graben an die Burg der Herren von Türkheim im 12. Jahrhundert erinnert. Kurz nach dem Aussichtspunkt kommen wir an einem *Drachenflieger-Startplatz* vorbei und wandern im Schatten des Waldes markierungsgemäß in ½ Stunde zum *Kahlenstein.* Unmittelbar unter dem beschilderten Baum befindet sich der Eingang zu einer 70 Meter tiefen Höhle, die von zwei aussichtsreichen Kletterfelsen flankiert wird.

Der Traufweg führt uns nun in ¼ Stunde zum Aussichtsfelsen beim *Eichhölzle* mit Blick übers Filstal zu den Kaiserbergen. Kurz danach kommen wir zur Straße, folgen ihr wenige Schritte bergab und steigen auf bezeichnetem Weg zum nahen *Bodenfelsen* und zur *»Schildwacht«* mit dem Ostlandkreuz auf (½ Std. seit Straße).

Von nun an leitet uns das gelbe Drei-

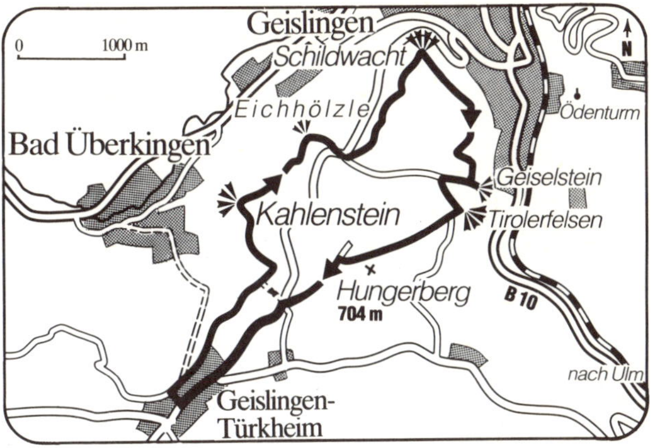

eck parallel zur Geislinger Steige in 20 Minuten zum *Geiselstein* mit Aussichtspavillon und reizendem Spiel- und Rastplatz. Nach weiteren 15 Minuten genießen wir beim Tirolerfelsen letztmals den herrlichen Blick übers Rohrachtal zum Geiselstein und zum Ödenturm.

Nun verlassen wir den Trauf und folgen der Wegziffer 4 und der Beschilderung »Zum Hungerberg«. Beim Erreichen der freien Hochfläche gehen wir entlang dem rechten Waldrand, dann geradeaus auf dem Wiesenweg zwischen den Feldern auf die Hochspannungsmasten zu. Nach 1/4 Stunde passieren wir den *Hungerberg* mit seiner weiten Rundsicht über die Geislinger Alb. Auf breitem Weg erreichen wir die Straße, die direkt zum Ausgangspunkt in *Türkheim* führt (1/4 Std.). Im Ort ist die Kirche mit dem Turmkuppeldach (1771) sehenswert.

Wer die Straße meiden möchte, kann sofort nach rechts zum Trauf gehen (punktierte Linie) und auf dem anfangs beschriebenen Weg zurückwandern.

Einkehrmöglichkeit:
Türkheim,
Turnerheim auf dem Geiselstein
(1984 abgebrannt)

Bemerkung:
Eine Wanderung, die sich auch an warmen Tagen durchführen läßt

25

Genußwanderung für Zünftige

Über neun Berge führt diese herrliche Panoramatour, die sich freilich nur ausdauernde Wanderer zumuten sollten

Ausgangspunkt: Hausen an der Fils, zwischen Geislingen und Wiesensteig; Parkplatz am Rathausplatz
Weglänge: 22 km
Gehzeit: 5½ Stunden
Steigung: 600 m
Wanderkarte: 1:50000, Blatt L 7324 Geislingen

Einkehrmöglichkeit: Wasserberg (Abstecher, mittwochs geschlossen), Grünenberg (Abstecher), Oberböhringen (dienstags geschlossen)

Unmittelbar nach der *Kirche* folgen wir der roten Raute am »Lamm« vorbei bergauf zum Wald. Dort geht der Weg bald eben nach rechts und auf bezeichneter Strecke zum aussichtsreichen Sattel hinter dem *Weigoldsberg* (½ Std.). Nun folgt ein beglückender Anstieg entlang dem Wacholderhang des Haarbergs bei prächtigem Panorama. Nach insgesamt 1½ Stunden müssen wir uns entscheiden, ob wir auf dem nahen *Wasserberg* einkehren möchten (Abstecher ¼ Std.). Hier zweigt nämlich nach rechts auf der Hochwiese im Wald der mit rotem Dreieck markierte Weg zum *Fränkel* ab. Nach dem Abstieg kommen wir nach Waldaustritt zu einem freien Sattel. Bei der Weggabelung halten wir uns links, nach leichtem Aufstieg am Waldrand rechts, entsprechend der Beschilderung. Der reizvolle Pfad um den Fränkel herum ist mit Enzian, Gold- und Silberdisteln gesäumt und führt bei schöner Aussicht in ¾ Stunden seit dem Wasserberg zum Parkplatz oberhalb des *Grünenbergs.*

Unser wohlmarkierter Weg überquert die Straße und führt in 1/4 Stunde steil bergauf, zuletzt weglos, zum *Burren* mit seinem umfassenden Panorama. Ebenso weglos geht es jenseits wieder zum Weg mit der roten Raute, der über die Hochwiese zum Wald führt. Nach kurzem Aufstieg gabelt sich der markierte Weg. Wir halten uns links, wo sich bei einer Bank letztmals ein schöner Blick zu den Kaiserbergen bietet. Unmittelbar danach verlassen wir den nach links abwärts führenden markierten Pfad und folgen dem breiten Weg in wenigen Minuten zur freien Hochfläche des *Tennenberges.*

Vom Parkplatz gehen wir entlang dem Sträßchen über den *Kuchberg* zum Sanatorium. Die rote Raute führt uns rechts am Trauf entlang zum attraktiven *Hausener Fels* mit herrlichem Blick ins Geißentäle. Wenige Schritte links davon führt ein überaus schmaler Zickzackpfad wohlmarkiert waldabwärts in etwa 40 Minuten zum Ausgangspunkt der strammen Wanderung zurück.

Bemerkung:
Wer in Oberböhringen einkehren will, kann nach Waldaustritt vor dem Sanatorium verkehrsfrei das Dorf erreichen, wenn er der linksseitigen Waldkante und der Wegziffer 3 folgt. Die überaus lohnende Tour läßt sich auch auf zwei Wandertage verteilen: z. B. wenn man am 1. Tag einen Wagen auf dem Parkplatz oberhalb Grünenberg deponiert und am 2. Tag die Tour dort beginnt (und einen Zweitwagen in Hausen abstellt). An heißen Tagen ist die Wanderung nicht zu empfehlen

26

Von Fels zu Fels rund um den Michelsberg

Eine variable Rundwanderung – vier bis zehn Kilometer lang – zu attraktiven Felsbastionen mit herrlichem Panorama auf fast ebenen Wegen

Ausgangspunkt: Oberböhringen; Parkplätze am Ortsrand Richtung Geislingen
Weglänge: zwischen 4 und 10 km
Gehzeit: 1 bis 2½ Stunden
Steigung: 100 m
Wanderkarte: 1:50 000, Blatt L 7324 Geislingen

Einkehrmöglichkeit: Oberböhringen (dienstags geschlossen)

Beginnen wir mit der Empfehlung der größeren Wegrunde: Vom *Parkplatz* im Wald (aus Richtung Unterböhringen kommend) folgen wir dem Sträßchen entlang dem Sanatorium bis zum Parkplatz am Tor. Nun wandern wir gemäß der Beschilderung und der Markierung mit roter Raute und den örtlichen Wegziffern 3 und 4 geradeaus dem Trauf zu.

Auf gutem und fast ebenem Weg erreichen wir nach einigen Aussichtspunkten in gut ½ Stunde den Grill- und Rastplatz über dem *Hausener Felsen* mit Prachtblick ins »Geißentäle« (wie das obere Filstal genannt wird). Weiter am Trauf entlangschlendernd, kommen wir in einer weiteren halben Stunde zu den bizarren *Kletterfelsen der Jungfrau,* diesmal mit herrlichem Blick über Überkingen zur Fünftälerstadt Geislingen. Auf dem schon vorher erkennbaren Betonweg erreichen wir in ¼ Stunde *Oberböhringen.* Unmittelbar nach dem Gasthaus gehen wir auf der Von-Krafft-Straße nach rechts aus dem Ort. Die örtliche Wegziffer 2 führt uns über die freie Hochfläche, zuletzt waldeinwärts, zum *Ramsfels* mit seinem Panorama über das Filstal zwischen Geislingen und Göppingen und zu den Kaiserbergen (kaum ½ Std.).

Wir gehen nun das letzte Wegstück zurück und halten uns jetzt rechts am Trauf, wo uns die Ziffer 3, ohne wesentlich fehlleiten zu können, nach wiederum ½ Stunde zum Ausgangspunkt der kleinen Genußwanderung zurückbringt.

Der wesentlich kürzere Weg verläßt das Dorf wie zuvor. Unter Verzicht auf den Ramsfels gehen wir aber gleich im Ort Richtung Kirche und folgen am Trauf der Ziffer 3 direkt zum Parkplatz am Wald.

Ein wirklich müheloser Spaziergang führt indes vom Parkplatz am Ortsrand von Oberböhringen in Richtung Geislingen (mit roter Raute markiert) zum Hausener Felsen (¼ Std.). Der Rückweg über den *Jungfraufelsen* ins Dorf entspricht der anfänglichen Beschreibung.

Diese Version ist auch mit Kinderwagen zu empfehlen.

Bemerkung:
An sehr warmen Tagen ist die Wanderung der meist schattenlosen Strekken wegen nicht zu empfehlen

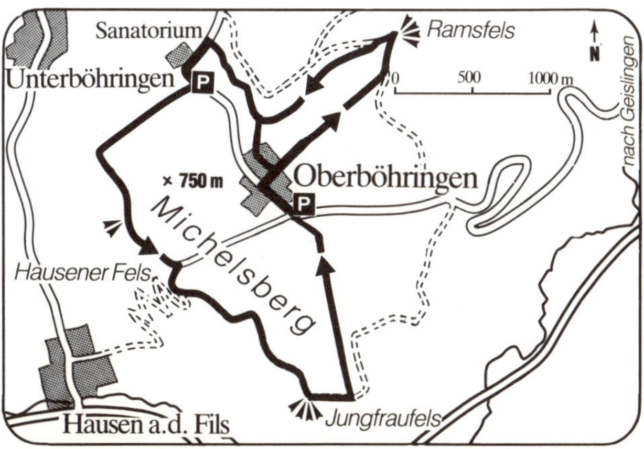

27

Wald- und Aussichtswanderung übers Fuchseck zum Wasserberg

Mit einem Frühschoppen auf dem Fuchseckhof und Mittagsrast im Wasserberghaus läßt sich die Halbtagestour leicht auf den ganzen Tag ausdehnen

Ausgangspunkt: Schlat, wenige Kilometer südlich von Göppingen; Parkplätze in Ortsmitte
Weglänge: 14 km
Gehzeit: 3 Stunden
Steigung: 500 m
Wanderkarte: 1:50000, Blatt L 7324 Geislingen

Einkehrmöglichkeit: Fuchseckhof, Wasserberghaus (mittwochs geschlossen)

Beim *Gasthaus Lamm* folgen wir dem Wegweiser »Zum Fuchseck« und dem blauen Dreieck durch die Eschenbacher- und die Fuchseckstraße aus dem Ort. Am Ende des asphaltierten Talweges gehen wir geradeaus über die Baumwiese zum nahen Wald und folgen dem unmarkierten Weg bergauf in ½ Stunde zum hübsch gelegenen *Fuchseckhof.*

Wenige Schritte rechter Hand weist das blaue Dreieck nach links über den aussichtsreichen Hang zum Wald, wo es immer geradeaus auf schmalem Pfad, zuletzt im Zickzack, in etwa 20 Minuten zur Aussichtskante auf dem *Fuchseck* führt.

Unser Weiterweg wird nun vom roten Dreieck geleitet und führt zunächst auf dem seitherigen Weg zurück. Bei der nahen Gabelung geht es auf schmalem Hangpfad bei hübschen Ausblicken am *Hochberg* entlang. Nach ¼ Stunde kommen wir bergab zu einem breiten Waldweg, der uns markierungsgemäß nach links aus dem Wald führt. Beim *Gairenhof* überschreiten wir die Straße Schlat – Reichenbach im Täle. Am Parkplatz führt der markierte Weg bergauf zum Waldrand. *Achtung:* Hier verlassen wir die Normalroute und folgen der Rundwegnummer 3 auf dem zunächst schmalen Pfad am Waldrand entlang nach rechts.

Mit viel Wandergenuß schlendern wir nun bei prächtigem Panorama entlang der Wacholderheide, bis der Hangweg nach ¼ Stunde an einem asphaltierten Aufstiegsweg endet. In kurzem Steilanstieg erreichen wir die Hochwiese auf dem *Wasserberg* und, dem roten Dreieck folgend, in wenigen Minuten das Wasserberghaus des Albvereins. - Auch hier bietet sich ein herrliches Panorama.

Der nun wieder mit blauem Dreieck bezeichnete Abstieg führt am Haus vorbei auf Stufen und Zickzackpfaden bald steil bergab. Unterhalb der Viehweide geht es wohlmarkiert nach links und nach Waldaustritt hangabwärts in einer ½ Stunde zum Ausgangspunkt in Schlat zurück. Im nahen Heiningen ist eine stattliche gotische Kirche.

Bemerkung:
Die auf der Planskizze punktierte Linie zeigt eine Variante vom Gairenhof aus. Der etwas kürzere und durchmarkierte breite Weg vermeidet den zuvor empfohlenen Steilanstieg, unter Verzicht auf die reizvolle Hangwanderung

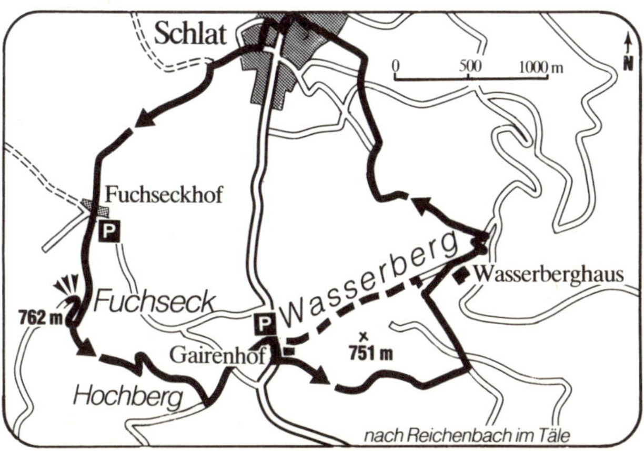

28

Höhenwanderung auf der Hochalb und Nordalb

Die wenig begangenen Wald- und Höhenwege führen zu herrlichen Aussichtspunkten und zu einem ausgedehnten Spiel- und Grillplatz

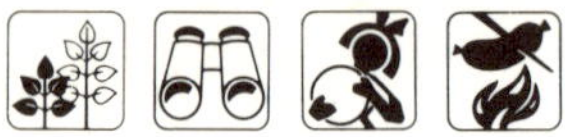

Ausgangspunkt: Deggingen, zwischen Geislingen und Wiesensteig
Weglänge: 18 km
Gehzeit: 4½ Stunden
Steigung: 550 m
Wanderkarten: 1:50000, Blätter L 7324 Geislingen und L 7524 Blaubeuren

Wir verlassen den Ort Richtung Bad Ditzenbach, folgen beim *Friedhof* der roten Raute nach rechts und gehen an der Trafostation vorbei bergan. Kurz nach dem Haus »Bentelin am Berg« gehen wir nicht rechts zum Schützenhaus, sondern unmarkiert geradeaus weiter. Nach aussichtsreichem Anstieg kreuzen wir im Wald den markierten Pfad von Ditzenbach zum Fuchseck und erreichen nach wenigen Minuten den Albtrauf (¾ Std.). Hier lohnt es sich, dem schmalen Pfad 2 Minuten nach links zu folgen, wo sich von einer Felsnase aus ein prächtiger Talblick bietet.

Nach Rückkehr zum Hauptweg wandern wir, von der Ziffer 5 geführt, über die Erhebungen des Sickenbühls, des Barmenbergs und der Wanne über die langgestreckte Hochalb und erreichen nach weiteren ¾ Stunden die Abzweigung ins nahe Auendorf. Hier leitet uns die Markierung mit roter Raute auf dem Sträßchen bergauf. Beim Fernsehumsetzer schlendern wir nun fast eben in etwa

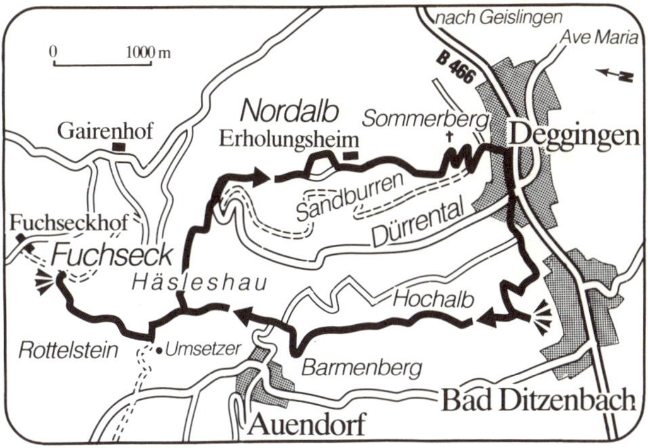

20 Minuten zum aussichtsreichen *Rottelstein* und zum nahen *Fuchseck* mit seinem herrlichen Panorama über das Filstal zu den Kaiserbergen.

Von hier aus gehen wir bis zum *Umsetzer* zurück, wo uns der gut markierte Weg scharf nach links über die Hochfläche des Häsleshau in den nahen Wald führt. In leichtem Abstieg kommen wir zum Sträßchen Richtung Nordalb und erreichen auf ihm nach leichtem Anstieg einen Waldparkplatz. Ein abkürzender Pfad führt zum nahen *Spielplatz* (½ Std. seit Umsetzer) und am Arbeiterwohlfahrtsheim vorbei über den freien Bergrücken zu den Schafhäusern.

Nach leichtem Abstieg kommen wir zum Trauf, folgen hier der roten Raute nach links und sind in wenigen Minuten beim Gipfelkreuz des *Sommerberges* mit seinem herrlichen Talblick. Auf Zickzackpfaden geht es durch den Wald und die reizende Wacholderheide steil bergab zum Ausgangspunkt der strammen Tour (knapp 1 Std. seit Rastplatz).

Einkehrmöglichkeit:
Auendorf
(Abstecher)

29

Wallfahrt zu Kapellen und Gipfelkreuzen hoch über dem Geißentäle

Eine abwechslungsreiche Traufwanderung durch schattige Wälder und über aussichtsreiche Höhen zu imposanten Felskanzeln und ländlichen Einkehren

Ausgangspunkt: Deggingen, zwischen Geislingen und Wiesensteig; Parkmöglichkeiten in Ortsmitte
Weglänge: 14 km
Gehzeit: 3½ Stunden
Steigung: 350 m
Wanderkarte: 1:50 000 Blatt L 7524 Blaubeuren

Einkehrmöglichkeit: Aufhausen; Hof Berneck (montags geschlossen), Schonterhöhe (Abstecher)

Wir verlassen den Ort durch die Hauptstraße und die Mühlstraße und kommen auf dem Ave-Maria-Weg in etwa 20 Minuten zur *Wallfahrtskirche Ave Maria.* Hier folgen wir der roten Raute kurz und steil zu einer Kapelle mit Grotte und gehen nun markierungsgemäß nach links auf Zickzackpfaden gemächlich steigend zum Trauf. Dort weisen Schilder und der rote Dreiblock nach rechts zum nahen *Kilianskreuz* mit herrlicher Aussicht ins Tal (½ Std.).

Weiter dem Dreiblock folgend, kommen wir bald zur Einmündung des Steilaufstiegs von Ave Maria. Hier gehen wir auf dem Grasweg nach links und auf markiertem Feldweg in ½ Stunde nach *Aufhausen.* Wer dort nicht vor hat einzukehren, kann die rechtsseitige Waldkante entlang direkt zum *Polizeifunkturm* aufsteigen (½ Std.). Von dessen Standort auf dem hochgelegenen Aussichtspunkt Duchstetten bietet sich ein herrlicher Rundblick über die Alb, bei klarem Wetter bis zu den Alpen.

Achtung: Unmittelbar beim Turm gehen wir auf den nahen Tannenwald zu und dort, teils weglos, links am Waldrand entlang zum *Hofgut Berneck* (20 Minuten). Beim Haus Nr. 1 folgen wir beim Kruzifix dem rechten der drei Wege. Ein kleiner Abstecher führt hier zur Buschelkapelle und zu den Überresten der ehemaligen Burg Berneck. Der Weiterweg, mit rotem Dreiblock markiert, führt uns leicht bergan über die Wacholderheide. Nach hübschen Ausblicken geht es auf schmalem Weg durch den Traufwald zum kreuzgeschmückten *Oberbergfelsen* (½ Std. seit Berneck). Vom eindrucksvollen Ostfels sollte man die wenigen Schritte hinüber zum Westfels gehen, der die prächtige Aussicht ergänzt.

Der Heimweg führt zunächst wenige hundert Meter zurück und dann scharf nach links unter den Felstürmen waldabwärts. Der zunächst schmale Pfad ist mit roter Raute markiert und führt in ¾ Stunden zum Ausgangspunkt der überaus lohnenden Tour zurück.

Bemerkung:
Etwa 100 Meter nach dem Hofgut Berneck führt ein breiter Weg zum Wald. Dort, wo dieser bergab führt, kann man auf schmalem Pfad nach rechts im Traufwald zu den Überresten der ehemaligen Burg Berneck und zur nahen Buschelkapelle gehen

Wallfahrtskirche Ave Maria:
Der Barockbau enthält neben Deckenfresken von 1754 einen prunkvollen Hauptaltar. Oberhalb der Kirche befindet sich die Trinitatiskapelle mit einer Pietà aus dem 15. Jahrhundert

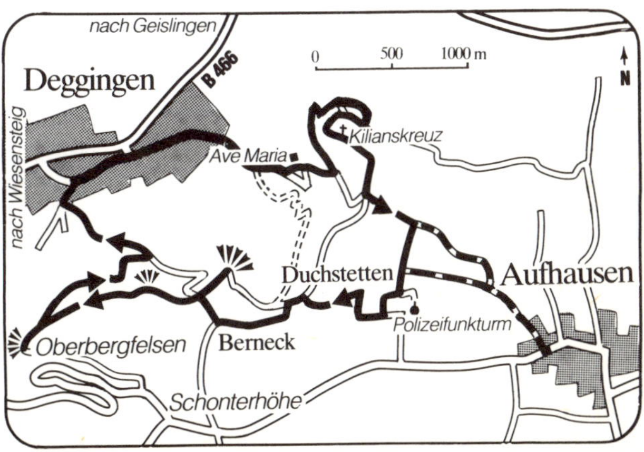

30

Vom Geißentäle rund um den Drackensteiner Hang

Zwischen Albanstieg und Abstieg der Autobahn führt unser Weg zur Hochfläche. Aussichtsfelsen und die umfangreiche Ruine Hiltenburg säumen den Rückweg

Ausgangspunkt: Gosbach, zwischen Geislingen und Wiesensteig; Parkmöglichkeit bei der Kapelle am westlichen Ortsrand
Weglänge: 17 km
Gehzeit: 4 Stunden
Steigung: 350 m
Wanderkarten: 1:50000 Blätter L 7522 Urach und L 7524 Blaubeuren

Einkehrmöglichkeit: Eselhof, Oberdrakkenstein, Großmannshof, evtl. Hiltenburghütte

Wir gehen zunächst entlang der Straße unter der Autobahn hindurch. Nach dem *Sportplatz* folgen wir dem Feldweg nach links zum Damm der Autobahn und dem Wiesenweg zum Sträßchen Richtung Eselhof. Hier folgen wir dem gelben Dreieck bergan, verlassen den Fahrweg aber wenige Minuten nach dem Kruzifix und steigen beim Gewannschild »Eselhalde 15/2« etwas steiler auf dem breiten, vergrasten Waldweg hinauf zum *Eselhof* (3/4 Std.). Wir durchqueren den Weiler geradeaus, passieren den nahen *Köllehof* und folgen der Markierung mit rotem Dreiblock unter der Autobahn hindurch. Am Schotterwerk vorbei geht es auf ebenem Weg nach *Oberdrackenstein.* Nach dem Rathaus geht es am »Löwen« nach links aus dem Ort. Auf weiterhin asphaltiertem Anliegerfahrweg kommen wir nach 1/4 Stunde zu einem Feldkreuz, wo uns der rote Dreiblock nach links am *Großmannshof* vorbei zum ehemaligen Schafhaus führt. Beim zweiten Parkplatz geht es nach rechts waldeinwärts auf bald schmalem Traufpfad zum *Tierstein,* mit Prachtblick übers Geißentäle. Nach einigen weiteren Aussichtskanzeln kommen wir zu einer Weggabelung. *Achtung:* Hier geht es scharf nach links auf Zickzackweg waldabwärts. Bei der Beschilderung Richtung Ditzenbach verbleiben wir auf dem ebenen Hangweg, der uns direkt zur *Hiltenburghütte* des Albvereins führt. Markierungsgemäß steigen wir hier in wenigen Minuten waldaufwärts zur schön instand gesetzten *Ruine Hiltenburg* mit idyllischen Grill- und Rastplätzen und neuerdings freier Sicht ins Tal.

Auf dem gleichen Weg gehen wir zurück bis zur Senke, dort etwa 100 Meter nach rechts und am Hang rechts waldabwärts Richtung Ditzenbach. Unmittelbar vor dem Waldende folgen wir dem breiten Weg kurz nach links und dort dem Schild »Hiltental - Gosbach«. Auf diesem Weg gelangen wir bei reizvoller Szenerie zwischen Wald und Obstwiesen in ¾ Stunden seit der Ruine zum Ausgangspunkt zurück.

Bemerkung:
An heißen Tagen ist die Tour auf der Hochfläche - der freien Asphaltstrecken wegen - etwas ermüdend. In Oberdrackenstein versäume man nicht den kurzen Abstecher an der alten Kapelle vorbei, wo sich von der Straße aus ein imposanter Blick auf die Kunstbauten der Autobahn am Drackensteiner Hang bietet

Ruine Hiltenburg:
Aus dem 13. Jh., im 16. Jh. fast ganz zerstört; am besten erhalten sind die Vorwerke an der Bergseite

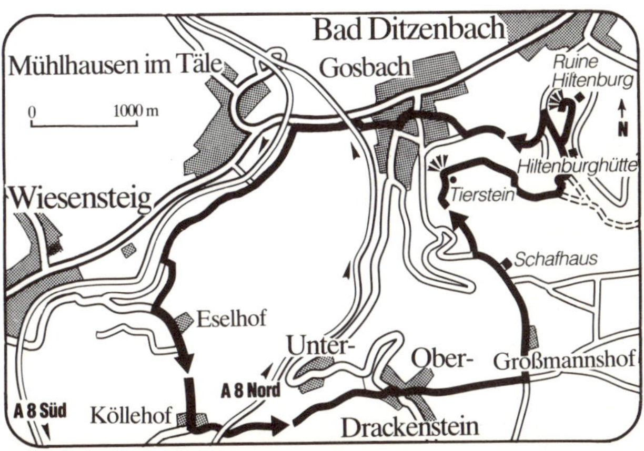

31

Über den Kornberg nach Auendorf, das früher Ganslosen hieß

Der hübsch gelegene Ort ist nicht nur seiner Anekdoten wegen bekannt, sondern auch für die Herstellung echten schwäbischen Hägenmarks

Ausgangspunkt: Gruibingen, an der Autobahnausfahrt zwischen den beiden Albaufstiegen; Parkstreifen nach der Unterführung am Ortsrand Richtung Gammelshausen
Weglänge: 15 km
Gehzeit: 3½ Stunden
Steigung: 400 m
Wanderkarten: 1:50 000 Blätter L 7322 Göppingen und L 7324 Geislingen

Einkehrmöglichkeit: Auendorf

Am Ende des Parkstreifens folgen wir dem unmarkierten Grasweg bergan und kommen nach 10 Minuten zum Sattel zwischen *Barn* und *Mähdlesberg.* Am Tor gehen wir links und sofort wieder rechts auf dem breiten Hangweg bergan. *Achtung:* Nach 10 Minuten nicht der Markierung nach rechts folgen, sondern weitere 10 Minuten bis zur Hochfläche auf dem Weg bleiben. Dort, wo dieser in einen Grasweg übergeht, wandern wir in einem großen Bogen waldaufwärts und kommen, an einer Hütte vorbei, zum idealen Rast- und Spielplatz auf dem *Kornberg* (¾ Std.).

Von der Aussichtskante gehen wir nach rechts am oder im Wald und nach etwa 200 Metern markierungsgemäß über die Wiesen nach links bergab. Hier folgen wir dem roten Dreieck an einem *Steinbruch* vorbei bergab zur Straße. Nach der Überquerung steigen wir wohlmarkiert waldaufwärts und gehen weiter am Trauf entlang zum *Sielenwang. Achtung:* Bei der Hütte mit freiem Talblick gehen wir am beschilderten Baum vorbei bis zum roten

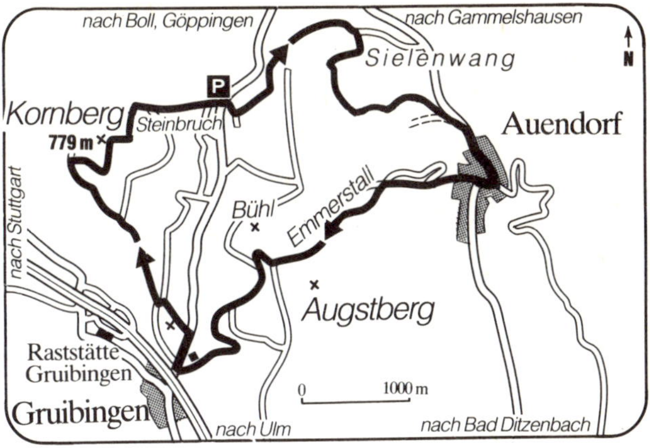

Pfahl der Fernleitung und hier scharf nach rechts auf bald breitem Weg zum nahen Wald (Gewannschild »Gde. Auendorf IV Heininger Tal«).

Talabwärts erreichen wir, zuletzt entlang der Straße, in 1/2 Stunde den Ditzenbacher Ortsteil *Auendorf*. Wer sich für Kunst interessiert, schaut sich dort in der Kirche die Wandbilder von 1619 an.

Unser Weiterweg führt dann, zwischen Rathaus und Kirche, am Gemeindehaus vorbei, geradeaus ansteigend aus dem Ort. Bei der Kehre verlassen wir den Fahrweg und gehen geradeaus auf bald steilem Waldpfad zur freien Höhe. Hier folgen wir der Wegziffer 6 auf breitem Feldweg halb links bergan und wandern dort, dem Wegweiser Richtung »Gruibingen« folgend, auf dem Wiesenweg bei hübscher Aussicht 1/4 Stunde geradeaus.

Am Trauf gehen wir kurz nach rechts, dann scharf nach links auf breitem Waldweg in halbstündigem Abstieg direkt zum Ausgangspunkt der reizvollen Aussichtswanderung zurück.

Bemerkung:
Den Ganslosern wurden einst Streiche angedichtet, wie man sie von den Schildbürgern kennt. Mindestens acht Geschichten sind überliefert. Das schon 1209 genannte Dorf wurde aus obigen Gründen auf Antrag des Pfarrers 1849 von der württembergischen Regierung in Auendorf umbenannt. Eine Auendorfer Spezialität ist das sogenannte Hägenmark, eine vielbegehrte Marmelade aus Hagebutten

32

Rund um den Wolfbühl zum aussichtsreichen Boßler

*Im Winter ein beliebtes Skigebiet. –
Aber auch der Wanderer schätzt die beschauliche Route
hoch über der betriebsamen Autobahn*

Ausgangspunkt: Gruibingen, an der Autobahnausfahrt zwischen den beiden Albanstiegen; Parkmöglichkeit im Ort oder im Winkelbachtal bei der Turn- und Festhalle »Im Steig«
Weglänge: 12 km
Gehzeit: 2¾ Stunden
Steigung: 250 m
Wanderkarten: 1:50000 Blätter L 7322 Göppingen und L 7522 Urach

Einkehrmöglichkeit: Naturfreundehaus am Boßler, Gruibingen

Beim *Gasthaus Linde* weist ein Schild zum Campingplatz; wir erreichen ihn durch die Maierhofstraße. Bei der Turn- und Festhalle »Im Steig« findet man genügend Parkplätze zum Abstellen des Wagens.

Am Campingplatz vorbei schlendern wir ½ Stunde durchs *Winkelbachtal.* Am Ende der Asphaltierung überqueren wir den freien Platz nach links und folgen dort dem Schild »Weilheimer Hütte« in den Wald. Bereits nach 200 Metern weist uns die Markierung mit blauem Balken und die Ziffer 4 den Anstieg scharf nach rechts.

Nach viertelstündigem Aufstieg erreichen wir wieder ein Waldeck mit dreifacher Wegteilung. Wir bleiben auf dem markierten mittleren Weg und kommen nach etwa 10 Minuten, zuletzt von der Ziffer 9 geführt, bei der Hochspannungsleitung zum Albtrauf. Hier sollten wir die wenigen Schritte zur Bank unter dem Masten gehen, wo sich erstmals ein prächtiger Ausblick zum Reußenstein, Breitenstein und zur Teck bietet.

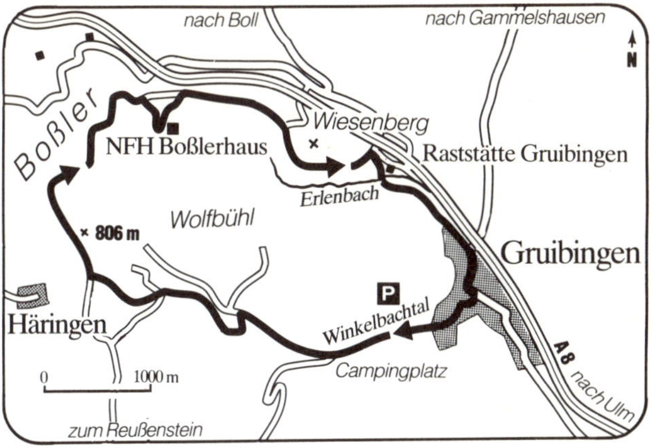

Nach halbstündigem Schlendern am Traufwald entlang, führen uns die Ziffer 9 und das rote Dreieck zur Aussichtskante des *Boßlers* mit Gipfelkreuz und Gedenkstein für die Opfer mehrerer Flugzeugabstürze. Ein herrlicher Blick über den Albanstieg der Autobahn bis hinüber zu den Bergen der Kirchheimer Alb rechtfertigt eine Verschnaufpause.

Ein bezeichneter Weg führt in wenigen Minuten direkt zum *Naturfreundehaus,* wo sich das Panorama zu den Kaiserbergen bietet. Auf dem Zubringerfahrweg wandern wir talwärts. Rechter Hand begleitet uns das liebliche Tal des *Erlenbaches,* links unter uns hastet der Verkehr über die nahe Autobahn.

Nach 20 Minuten erreichen wir einen Wiesensattel mit Autobahnblick. *Achtung:* Hier verlassen wir den nach links absteigenden markierten Weg und wandern zunächst eben halb rechts am Hang des bewaldeten Hügels. Die letzten 10 Minuten bis *Gruibingen* müssen wir leider auf der Straße gehen.

Bemerkung:
Um die lange Ortsstraße zu vermeiden, können Wandergruppen einen Wagen am Ortseingang von Weilheim her abstellen und den zweiten Wagen auf dem empfohlenen Parkplatz am Ausgangspunkt lassen

33

Zum Filsursprung und zur 230 Meter langen Schertelshöhle

Eine abwechslungsreiche Tour durch ein hübsches Hochtal, zu einem Quelltopf mit reizenden Spiel- und Grillplätzen und zu zwei sehenswerten Höhlen

Ausgangspunkt: Wiesensteig im oberen Filstal; Parkplätze bei der Kirche; beim Schwimmbad oder bei der ehemaligen Papiermühle
Weglänge: 15 km
Gehzeit: 3½ Stunden
Steigung: 300 m
Wanderkarte: 1:50 000 Blatt L 7522 Urach

Einkehrmöglichkeit: Café Filsursprung beim Freibad, Rasthaus bei der Höhle (täglich, im Winter nur sonntags geöffnet)

Wenn wir die bequeme Familienwanderung im Bereich der sehenswerten *Kirche* beginnen, verlassen wir das schmucke Städtchen durch die Seestraße beim *Gasthaus zum See* und folgen der roten Raute und der Beschilderung talaufwärts. Bei der Abzweigung halten wir uns links und wandern am einladenden *Freibad* vorbei zur ehemaligen Papiermühle. Auf hübschem Hangweg erreichen wir nach insgesamt 1 Stunde die idyllische Quellfassung beim *Filsursprung* mit Rasthütte, Spielwiese und einladenden Grillplätzen.

Nun schlendern wir etwa ¼ Stunde durch das liebliche *Hasental* und folgen bei der Weggabelung der Markierung nach links durch das bewaldete Seitental zum sogenannten *Steinernen Haus* (¼ Std.) und auf dem Treppenweg zur nahen Hütte am Eingang der *Schertelshöhle.* Sie ist eine der bekanntesten Schau- und Tropfsteinhöhlen auf der Alb.

Nach Besichtigung der Höhle und einer anschließenden Stärkung geht es, auf schmalem Pfad an den WC-Häuschen vorbei, zum ursprünglichen breiten Weg, der uns in 10 Minuten zur freien Albhochfläche führt. Nach der Feldhütte folgen wir bei der Baumgruppe dem asphaltierten Weg nach links. Beim Erreichen des querlaufenden Sträßchens weist uns ein Schild den Weiterweg geradeaus durchs liebliche *Neckertal* zur ehemaligen *Zieleiche* (bei der markanten Waldkreuzung kurz links der Wiese entlanggehen).

Nun halten wir uns gemäß der Markierung mit rotem Dreiblock nach rechts, folgen nach ¼ Stunde der Straße nach links zu den Aussiedlerhöfen auf dem *Lämmerbuckel* und gehen bis zum großen Stall in der Senke vor dem Autobahntunnel bergab. Hier geht es der Beschilderung gemäß nach links und bei den als Naturdenkmal ausgewiesenen Linden nach rechts waldabwärts. Nach wenigen Schritten kommen wir an eine Weggabelung. Wir folgen dem weniger steilen Weg rechter Hand zum Hotel Malakoff, wo wir unter drei Abstiegswegen wählen können (1 Std. seit Zieleiche).

Wiesensteig:
Im Mittelalter durch Hexenprozesse berüchtigt; noch im 16. Jahrhundert wurden an die hundert »Hexen« verbrannt. Ehemaliges Benediktinerkloster, heute Stiftskirche, Reste eines Renaissanceschlosses, schöne Fachwerkhäuser

Steinernes Haus:
40 m lange Felsenhalle, Fundstätte von Resten aus der Stein- und Bronzezeit

Schertelshöhle:
Schon 1470 bekannt, angeblich Versteck eines berüchtigten Räuberhauptmanns

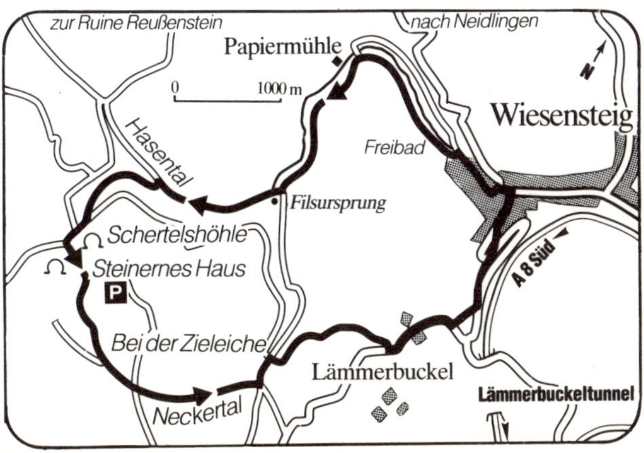

34

Burgenromantik und Badefreuden rings um den Bläsiberg

Die wenig anstrengende Familienwanderung führt zu einer der schönsten Burgruinen in herrlicher Aussichtslage mit ländlicher Einkehr am Wege

Ausgangspunkt: Wiesensteig im oberen Filstal; Parkplätze in der Bahnhof- und Sommerbergstraße
Weglänge: 16 km
Gehzeit: 3½ Stunden
Steigung: 270 m
Wanderkarte: 1:50 000 Blatt L 7522 Urach

Einkehrmöglichkeit: Gasthaus Bläsiberg (kleiner Abstecher), Reußensteiner Hof, Café Filsursprung

Wir verlassen das freundliche Städtchen durch die Bahnhof- und Sommerbergstraße und passieren auf der Schöntalstraße die Bergwachthütte bei den Skiliften. Das nun enger werdende *Schönbachtal* teilt sich nach etwa 400 Metern. Hier folgen wir dem Schild »Mordloch« nach links in zuletzt steilem und steinigem Anstieg zur freien Höhe. Ein kleiner Abstecher zum nahen Mordloch, einer Doline, ist sehr reizvoll.

Nun gehen wir auf dem Wiesenweg über den *Bläsiberg* auf die Hochspannungsmasten zu und weiter geradeaus zum nahen Trauf (insg. etwa 1¼ Std.). Dem roten Dreieck folgend, geht es nun nach links, wo wir nach Überschreiten der Straße Wiesensteig – Weilheim nach ½ Stunde den gastlichen *Reußensteiner Hof* erreichen.

Auf schattigem Traufpfad kommen wir nach ¼ Stunde zur aussichtsreichen *Ruine Reußenstein* und nach kurzem Aufstieg zu einem Felsplateau mit schönem Blick auf die attraktiven Klettertürme und die Burg.

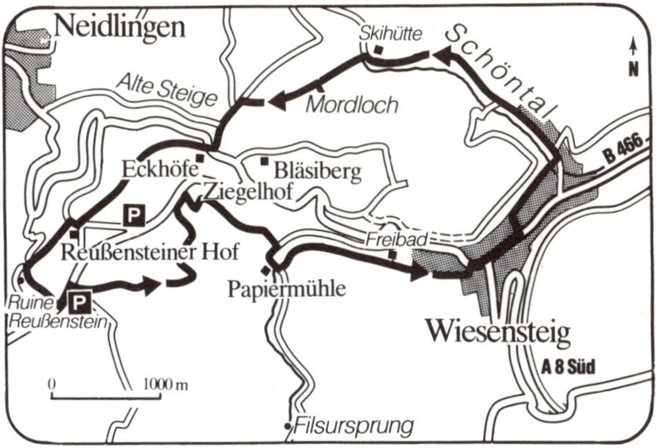

An der nahen Straße folgen wir dem Gehweg nach links, verlassen aber beide am Ende des Parkplatzes und wandern abseits vom Verkehr auf dem unmarkierten Weg am Waldrand entlang nach rechts. Am Ende der Wiese gehen wir weiter geradeaus durch ein kleines Waldstück, dem eine weitere Wiese folgt. *Achtung:* Hier folgen wir dem Waldrand um die Wiese herum und dann dem Grasweg in den Wald.

Beim Gewannschild »Ziegelmähder« nehmen wir den breiten Weg aus dem Wald und wandern zum bereits sichtbaren *Ziegelhof* (½ Std. seit dem Parkplatz). Unmittelbar vor den Gebäuden weist uns ein Schild den Weg nach Wiesensteig. Wir folgen der roten Raute durch das *Autal* auf schattigem Hohlweg zum Talsträßchen. Hier gehen wir kurz nach rechts bis zum Parkplatz bei der ehemaligen Papiermühle und schlendern dann auf dem markierten Weg talabwärts am einladenden Freibad vorbei in ½ Stunde zum Ausgangspunkt in Wiesensteig zurück (1½ Std. seit Burg).

Mordloch:
Eine Doline; wir erreichen das Naturdenkmal auf der freien Höhe des Bläsibergs, etwa 100 Meter nach links am Waldrand ansteigend

Reußenstein:
Nach der Sage vom Riesen Heim vom Heimenstein erbaut. Bergfried aus dem 14., Palas aus dem 15. Jahrhundert; besonders eindrucksvoll zur Zeit der Kirschenblüte

35

Familienwanderung rund um den Reußenstein

Besonders reizvoll ist die Tour im zeitigen Frühjahr, wenn der Wasserfall reichlich Wasser führt und im Neidlinger Becken Tausende von Kirschbäumen blühen

Ausgangspunkt: Neidlingen, an der Straße von Weilheim nach Wiesensteig; Parkplätze im Ortskern oder am Dorfrand
Weglänge: 18 km
Gehzeit: 4 Stunden
Steigung: 450 m
Wanderkarte: 1:50 000 Blatt L 7522 Urach

Einkehrmöglichkeit: Café Filsursprung beim Freibad (montags geschlossen), Wiesensteig, Gasthof Bläsiberg (kurzer Abstecher)

Wir folgen beim *Rathaus* der Beschilderung und der Markierung mit blauem Dreieck, gehen an der Lindach entlang und kommen an der Kirche vorbei. Rechts am großen Parkplatz entlang verlassen wir talaufwärts den Ort. Nach etwa 1/4 Stunde weisen uns die Schilder »Zum Bahnhöfle« und »Zum Wasserfall« nach links zum Waldrand und schließlich waldaufwärts zum *Wasserfall.* Vom Steg gehen wir 100 Meter zurück und folgen dort der Beschilderung steil bergauf. Auf zuletzt breitem Waldweg kommen wir nach insgesamt 1 Stunde zum Park- und Rastplatz beim *Bahnhöfle.*

Wir überqueren die Straße und gehen der roten Raute gemäß am Waldrand das Hochtal entlang. Nach etwa 20 Minuten wechselt der Weg in den Wiesengrund und leitet uns nach links in wenigen Minuten zur fünffachen Wegespinne beim *Grauen Stein.* Hier gehen wir geradeaus Richtung Wiesensteig und gelangen auf einem Hohlweg bald ins reizvolle *Hasental.* Nach 1/2 Stunde kommen wir zum *Fils-*

ursprung mit Rasthütte und idyllisch gelegenem Spiel- und Grillplatz.

In hübscher Hangwanderung passieren wir die ehemalige Papiermühle und folgen weiterhin auf der rechten Talseite dem markierten Fußweg zum *Freibad* und *Café Filsursprung.* Wer nicht einzukehren beabsichtigt, muß noch etwa 150 Meter weitergehen, um zur anderen Talseite zu gelangen, wo der bezeichnete Aufstieg »Ziegelhütte - Reußenstein« direkt beim Café beginnt.

Bei gemächlichem Waldaufstieg mit hübscher Talsicht kommen wir in ½ Stunde zur freien Hochfläche und folgen am Ende des Rastplatzes kurz der L 1200 Richtung Neidlingen. Dort, wo die Straße waldabwärts führt, folgen wir dem roten Dreieck nach rechts! Bei der mehrfach beschilderten Baumgruppe an der Kreuzung (nach wenigen Minuten) gehen wir scharf links die »Alte Steige« waldabwärts und erreichen in ¾ Stunden wieder den hübsch gelegenen Ausgangsort Neidlingen im Lindachtal.

Bemerkung:
Soweit die Zeit reicht, empfiehlt sich im Anschluß der Besuch des Urweltfundemuseums im nahen Holzmaden (täglich, außer montags, bis 17 Uhr geöffnet)

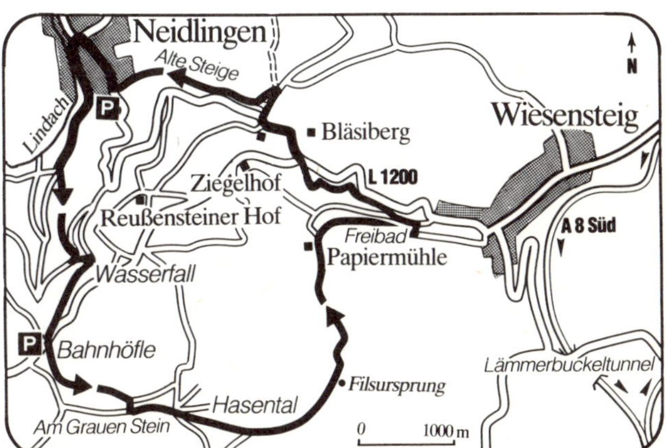

36

Rund um das Randecker Maar

Der trichterförmige Kessel war einst ein See, der über das Zipfelbachtal entwässert wurde

Ausgangspunkt: Hepsisau, kurzer Abstecher von der Straße Weilheim – Wiesensteig; beschränkte Parkmöglichkeit im Ort
Weglänge: 15 km
Gehzeit: 3½ Stunden
Steigung: 500 m
Wanderkarte: 1:50 000, Blatt L 7522 Urach

Einkehrmöglichkeit: Ochsenwang

Heidenloch: Auf dem Bergsporn soll früher eine Burg gestanden haben

Dort, wo die Straße in einer scharfen Linkskurve das Dorf verläßt, folgen wir dem blauen Dreieck auf dem Albert-Hölzle-Weg über den Steg und durch die Wiesen talaufwärts. Im Schatten des Waldes steigen wir den *Zipfelbach* entlang in ½ Stunde auf zur Straße und, nach deren Überqueren, markierungsgemäß zwischen Waldrand und Lichtmasten weiter bergan. Nach einem kurzen Waldstück folgen wir der Wegziffer 2 links am Waldrand und steigen später weglos nach rechts auf den *Schafbuckel* (½ Std.). Mit der Ziffer 4 gehen wir links am Trauf zum *Heidenloch,* einer für den Albtrauf typischen Verwerfung der Gesteinsschichten.

Auf dem gegenüberliegenden Hang des mit Wacholder bewachsenen Bergsporns gehen wir zum Schafbuckel zurück. *Achtung:* Hier gehen wir teils weglos den Lichtmasten folgend nach links und kommen bei hübscher Aussicht auf Heimenstein und Reußenstein zur Kreuzung zwischen Waldparkplatz und Randecker Hof (½ Std.). Vom roten Dreieck geführt, schlendern wir an der Ziegelhütte vorbei zum *Salzmannstein.*

Nach schönem Talblick entlang dem Randecker Maar überqueren wir bei einem Parkplatz die Straße und folgen dem asphaltierten Weg leicht bergan. Auf der Höhe rechts haltend, kommen wir nach einer weiteren halben Stunde (seit Ziegelhütte) nach *Ochsenwang.* Wir durchqueren das hochgelegene Dorf und gehen nach der »Krone« zwischen den Häusern 43 und 45 über die Wiesen in 20 Minuten zur prächtigen Aussichtskante auf dem *Breitenstein* mit prächtigem Panorama weit ins Land.

Nach rechts am Trauf entlang kommen wir in ½ Stunde zum nochmals aussichtsreichen *Auchtert.* Für den Abstieg gehen wir wenige Schritte zurück zur Senke und folgen dort der Beschilderung (nach Hepsisau und Bissingen) auf schmalem Steig bergab durch den Felsenkessel des *»Pferch«.* Das blaue Dreieck führt uns auf Zickzackpfaden (bei Abzweigungen rechts halten!) in ¾ Stunden zum Ausgangspunkt zurück.

Salzmannstein:
Der Gedenkstein wurde vom Schwäbischen Albverein zu Ehren seines Gründers (im Jahre 1888) aufgestellt

Randecker Maar:
60 Meter tiefer und 1300 mal 1100 Meter großer Kessel; nicht ursprünglicher Explosionstrichter vulkanischen Ursprungs, sondern durch erosive Ausräumung des Tuffs in die Tiefe »vererbte« alte Form

Ochsenwang:
Eduard Mörike hat hier als Pfarrverweser gelebt

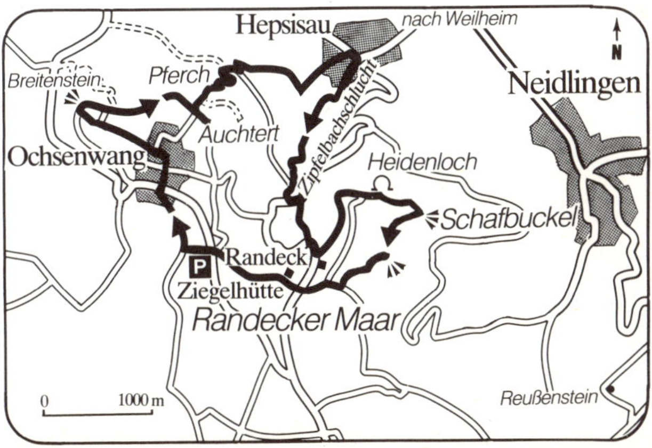

37

Zu Burgen, Höhlen und Felsen auf der Kirchheimer Alb

Die stramme Rundwanderung bietet fortwährend herrliche Aussichtspunkte und viele entdeckenswerte Ziele und Rastplätze am Wege

Ausgangspunkt: Bissingen bei Kirchheim; Parkplatz am Dorfsee (über die Vordere Straße von der Kirche aus erreichbar)
Weglänge: 16 km
Gehzeit: 4 Stunden
Steigung: 630 m
Wanderkarte: 1:50000, Blatt L 7522 Urach

Einkehrmöglichkeit: Ochsenwang, Engelhof (Abstecher), Teck (dienstags geschlossen), evtl. Kiosk am Hörnle

Bemerkung: Abkürzungsmöglichkeiten beim Sattelbogen, sowie auf dem Weg zum Hörnle

Wir folgen beim *Dorfsee* der Markierung mit blauem Dreieck auf dem Asphaltweg talaufwärts. Unmittelbar vor dem Schützenhaus geht es gut bezeichnet nach links über die unter Naturschutz stehende Schafweide steil bergauf (½ Std.). Nach Überschreiten der *Ochsenwanger Steige* wandern wir auf schattigem Zickzackpfad bald weniger steil in einer weiteren halben Stunde zur aussichtsreichen Felskante des *Breitensteins.* Hier kann man wahlweise zur Einkehr nach *Ochsenwang* gehen oder dem roten Dreieck am Trauf entlang folgen.

Weiter geht es, am Parkplatz und am Auffüllplatz vorbei, auf dem Anliegersträßchen zum *Erholungsheim Diepoldsburg* und, an den Felswänden der gleichnamigen Ruine vorbei, hinab zur gut restaurierten *Ruine Rauber* (ehemals Untere Diepoldsburg). Auf Zickzackpfaden führt uns die Markierung in ¼ Stunde hinab zum *Sattelbogen* (1 Std. seit Breitenstein).

Hier folgen wir dem Schild »Gelber

Felsen-Teck«. *Achtung:* Nach wenigen Schritten geht es beim Rastplatz sofort rechts waldaufwärts! Bei schattigem Aufstieg kommen wir nach ½ Stunde zum imposanten *Gelben Felsen.* Unter seiner Aussichtsplatte liegt die sagenumwobene Veronikahöhle. Fast eben erreichen wir in kaum 20 Minuten die *Burgruine Teck* mit Aussichtsturm und Albvereinsgaststätte. Unmittelbar vor dem Tor befindet sich der Abstieg zur gleichfalls durch alte Sagen bekannten Sibyllenhöhle.

Für den Heimweg gehen wir wieder die wenigen 100 Meter bis zur Wegkreuzung zurück und wandern dort der Markierung gemäß scharf nach links talwärts. Der breite Weg führt geradeaus zum *Hörnle.* Nach der reizvollen Spielwiese geht es über den Parkplatz auf den aussichtsreichen Bergsporn. *Achtung:* Nach kaum 50 Metern führt ein schmaler Pfad bergab nach rechts. Das blaue Dreieck führt uns über die Baumwiese auf einem Feldweg in ¾ Stunden (seit der Teck) zum längst sichtbaren Ausgangsort zurück.

Diepoldsburg:
Erstmals 1210 erwähnt, teilweise in österreichischem Besitz. Seit dem Zerfall im 16. Jahrhundert als »Rauber« bezeichnet

Verena-Beutlins-Loch:
Im Volksmund Veronikahöhle genannt; der Sage nach ehemals von einer Frau bewohnt

Sibyllenhöhle:
Angeblich von Hexe oder Prophetin bewohnt, die mit feurigem Wagen durchs Land gefahren sein soll. Die Sibyllenspur zeigt sich noch alljährlich in den Feldern bei Owen

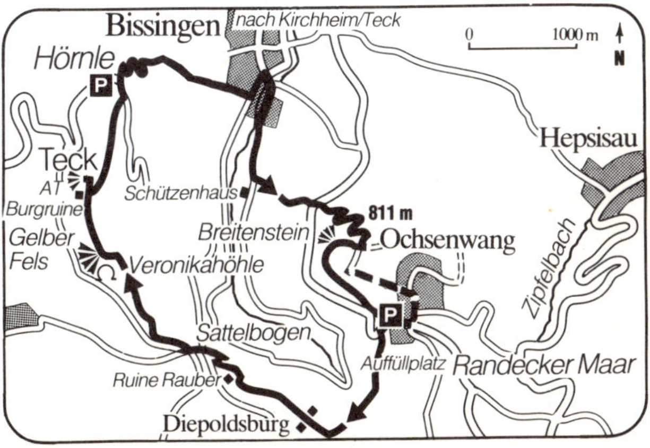

38

Mehrtägige Wanderfreuden auf der Vorderen Alb

Diese überaus lohnende Tour vereinigt die schönsten Ziele des Gebiets zwischen Owen und Urach und ist besonders im Frühjahr und Herbst zu empfehlen

Ausgangspunkt: Owen
Weglänge: 70 km
Gehzeit: 2 bis 4 Tage
Wanderkarte: 1:50 000, Blatt L 7522 Urach

Einkehrmöglichkeit: Erkenbrechtsweiler, Hohenneuffen, Burrenhof, Hülben, Urach, Grabenstetten, Böhringen, Donnstetten, Schertelshöhle, Reußenstein, Ochsenwang, Engelhof, Teck

Übernachtungsmöglichkeit: Erkenbrechtsweiler, Hülben, Urach, Grabenstetten, Böhringen, Donnstetten, Wiesensteig, Ochsenwang, Teck

Wir verlassen das schmucke Städtchen durch die Beurener Straße und folgen der roten Dreieckmarkierung geradewegs bergauf zur *Baßgeige* mit dem aussichtsreichen Brucker Fels. Gut markiert führt der Weg über den Heidengraben, einem Teilstück der mächtigen Befestigungsanlage eben nach *Erkenbrechtsweiler* und am Trauf entlang zum trutzigen *Hohenneuffen* mit abermals herrlichem Ausblick ins Land.

Nun wandern wir am Albrand entlang über den Hülbener Straßenpaß zum *Buckleten Kapf* und über die *Nägelesfelsen* ins gastliche *Bad Urach.*

Die rote Dreiblockmarkierung weist den Anstieg über die *Falkensteiner Höhle* und den auch hier erkennbaren Heidengraben zum *Schreckenfelsen.* Über *Strohweiler* und *Böhringen* erreichen wir, dem gelben Dreieck folgend, den Aussichtsturm auf dem *Römerstein* mit umfassendem Panorama und zeitweiliger Alpensicht.

Der weiterhin gut markierte Weg führt

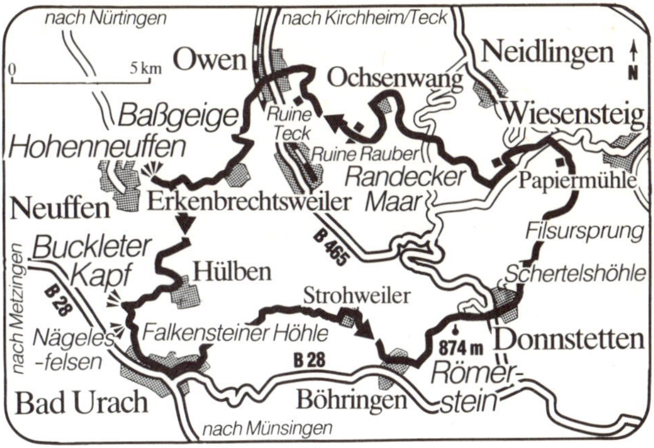

über *Donnstetten* zum *Steinernen Haus* und zur 230 Meter langen *Schertelshöhle.* Nach leichtem Waldabstieg kommen wir zum idyllischen *Filsursprung.* Unmittelbar nach der ehemaligen Papiermühle folgen wir der roten Raute durch das Autal nach links waldaufwärts zur Ziegelhütte und am Reußensteiner Hof vorbei zur stolzen *Ruine Reußenstein.* Über das »Bahnhöfle« geht es nun am Trauf entlang zum sagenumwobenen *Heimenstein* und direkt, oder über den Schafbuckel, zum *Randecker Maar.*

Hier kann man wahlweise über den Auchtert oder den kürzeren Weg über die Ziegelhütte und Ochsenwang zum *Breitenstein* mit seinem prächtigen Panorama wandern. Nach links am Trauf führt der markierte Weg über die Diepoldsburg zur *Ruine Rauber* und nach kurzem Abstieg zum Sattelbogen waldaufwärts zum *Gelben Felsen* und zur nahen *Teck.*

Mehrere markierte Wege führen von hier aus hinab zum Ausgangspunkt der erlebnisreichen Wanderung.

Owen:
Stadtkirche, im Pfarrhaus (»Schlößle«) war Mörike als Vikar tätig

Bad Urach:
Amanduskirche, Marktbrunnen, Schloß; herrliche Fachwerkhäuser

Falkensteiner Höhle:
3000 Meter erforscht, 100 Meter zugänglich

Teck:
Im 12. Jahrhundert erbaut, 1525 im Bauernkrieg zerstört; Wanderheim des Schwäbischen Albvereins

39

Die Wielandsteine – Reste einer Burg

Im Mittelalter thronte über dem Lautertal die 400 Meter lange Burg Wielandstein. – Heute sind nur noch einige Felsklötze zu sehen

Ausgangspunkt: Oberlenningen, südlich von Kirchheim; Parkplätze im Bereich der Turn- und Festhalle
Weglänge: 16 km
Gehzeit: 3½ Stunden
Steigung: 380 m
Wanderkarte: 1:50000, Blatt L 7522 Urach

Einkehrmöglichkeit: Otto-Hoffmeister-Haus, Engelhof

Bemerkung: Unter Verzicht auf An- und Abstieg läßt sich die Tour selbst mit Kinderwagen begehen. In diesem Fall empfiehlt sich als Ausgangspunkt der Parkplatz zwischen Schopfloch und Krebsstein

Auf dem Wielandsteinweg folgen wir dem *Naturlehrpfad* und der roten Raute ½ Stunde waldaufwärts zur *Ruine Wielandstein.* Unmittelbar darauf erreichen wir die Albhochfläche mit schönem Blick über die Felsen ins Lenninger Tal. Ein markierter Abstecher auf schmalem Pfad führt nach rechts zum nahen *Hohgreutfels,* den man ohne Mühen besteigen kann, um abermals eine herrliche Aussicht zu genießen. Nach Rückkehr zum breiten Weg, folgen wir weiter der roten Raute und der Beschilderung Richtung Krebsstein und Schopfloch fast eben durch den Wald und über ein Wiesengelände. Nach der zweiten Walddurchquerung erspähen wir den Aussichtsturm auf dem Römerstein, der uns die Richtung des asphaltierten Weges nach *Krebsstein* markiert. Im Ort gehen wir zunächst bis zu den letzten Häusern nach links. Dort bietet sich vom *Wasserfelsen* aus ein prächtiger Tiefblick auf den Talschluß bei Gutenberg.

Nun gehen wir zur Straße zurück und folgen dieser markierungsgemäß bis zum nahen Waldparkplatz, von wo auch der bezeichnete Pfad zu den *Gutenberger Höhlen* abgeht. Hier folgen wir der Beschilderung des Albvereins und der roten Raute leicht ansteigend nach links durch den Wald und über die freie Hochfläche beim Kreuzstein.

Unmittelbar vor der Häusergruppe beim *Otto-Hoffmeister-Haus* führt beim Parkplatz ein Bohlenweg durch das unter Naturschutz stehende Hochmoor. Am jenseitigen Ende gehen wir kurz geradeaus weiter, dann auf dem Betonweg nach links, wo uns die Markierung mit roter Raute nach rechts zum *Engelhof* führt. An der Kreuzung unterhalb des Gasthofs folgen wir dem Weg nach links durch das Hochtal. Nach etwa ¼ Stunde weist ein Schild nach rechts über eine Wiese den Abstieg durchs romantische *Tobeltal* nach Oberlenningen. Der Weg führt uns durch den Felskessel in ½ Stunde wieder zum Ausgangspunkt zurück.

Im Ort verdient die Martinskirche mit gotischem Chor Beachtung.

Höhlen:
Die beiden Tropfsteinhöhlen bei Krebsstein zählen zu den schönsten der Alb. Die Gutenberger Höhle ist 160 m lang, die Gußmannshöhle ist kleiner, gilt aber als schöner

Burg Wielandstein:
Die Anlage (12./13. Jh.) verteilt sich auf eine langgezogene Reihe von Felsklötzen

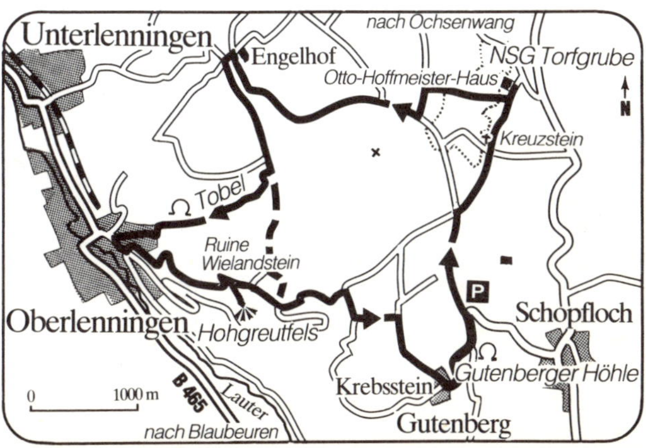

40

Auf den Spuren der Kelten

Ein Felsentor, ein Goldloch, Aussichtskanzeln und ländliche Einkehren sind sie Stationen der vielseitigen Wanderung

Ausgangspunkt: Oberlenningen, südlich von Kirchheim, Endstation der Bahnlinie
Weglänge: 18 km
Gehzeit: 4½ Stunden
Steigung: 350 m
Wanderkarte: 1:50000, Blatt L 7522 Urach

Einkehrmöglichkeit: Hochwang, Grabenstetten, Schlattstall

Grabenstetten: Westlich des Ortes liegt der Heidengraben, eine mächtige Befestigungsanlage der Kelten. Der heute noch erkennbare Wall trennte ein 15000 ha großes Gebiet wie eine Halbinsel von der Albhochfläche ab

Beim *Rathaus* weist ein Schild mit roter Raute den Weg Richtung Hochwang. Wir überqueren die *Lauter* und verlassen auf der Schmaltalgasse und »Auf dem Bol« den Ort. Gut markiert geht es am Waldeck erst links, dann rechts waldaufwärts. Nach ½ Stunde queren wir die Straße, nach 10 Minuten erreichen wir die Albhochfläche und nach wenigen Schritten rechter Hand den *Schrofelfels.*

Wir folgen nun der Markierung in südlicher Richtung, halten uns bei der Gabelung nach 100 Metern links, wo uns der rote Dreiblock in 10 Minuten zum *Kammfels* führt. Entlang der Aussichtskante des Zwerchbergs passieren wir die letzten Häuser von Hochwang, überschreiten die Straße und kommen auf dem Traufweg zum imposanten *Kesselfinkenloch.* Nach halbstündigem Wandern gabelt sich oberhalb des *Konradfelsens* der markierte Weg. Dort, wo der rote Dreiblock waldabwärts weist, gehen wir noch 5 Minuten am Waldrand weiter und folgen der (versteckten) Beschilderung auf dem Wiesenweg in

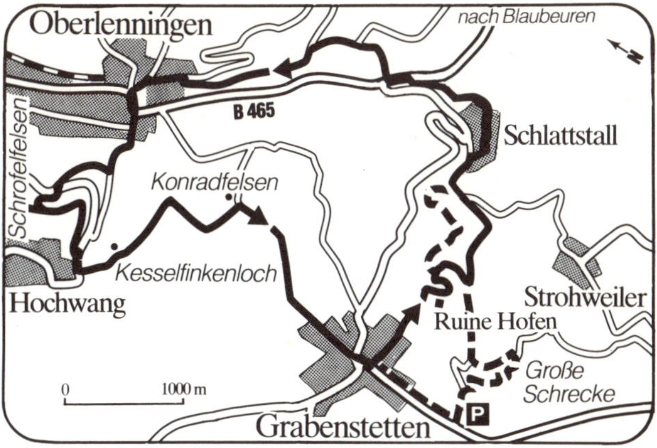

½ Stunde über die freie Hochfläche nach *Grabenstetten.*

Bei der Bank, 100 Meter nach dem Gasthof Hirsch, weist ein Schild nach links zur *Ruine Hofen,* die einen schönen Blick ins Tal bietet. Unmittelbar vor der Brücke über den Burggraben zeigt ein Schild den Steilabstieg nach Schlattstall, der aber bei Nässe nicht zu empfehlen ist (siehe Alternative). Unmittelbar unter dem Felsen am Einstieg geht es links, beim Erreichen des breiten Weges nach links ausholend - oder nach rechts - gemächlich ins Schlattstaller Tal. Kurz vor dem Ort führt ein markierter Waldweg zur Quellhöhle der Lauter (»Goldloch«). Über einen reizvollen Spiel- und Grillplatz kommen wir nach Schlattstall (¾ Std. seit Ruine).

Beim »Hirsch« gehen wir über die Brücke, nach dem letzten Haus zum Wald und zuletzt auf der Straße bis zu deren Gabelung. Genau hier führt der asphaltierte Weg nach rechts durch den Wiesengrund in einer knappen Stunde zum Ausgangspunkt zurück.

Bemerkung:
Anstelle des Abstiegs über die Ruine Hofen läßt sich die Tour sehr reizvoll variieren, indem man in Grabenstetten bis zum Parkplatz beim Heidengraben geht und dort nach links in wenigen Minuten zum aussichtsreichen Schreckenfelsen absteigt. Der wohlmarkierte Pfad führt zur nahen Großen Schrecke und über Stufen und Zickzackpfade sehr eindrucksvoll ins Schlattstaller Tal

41

Im »Goldloch« entspringt die Schwarze Lauter

Zwei Quellen lassen die Schwarze Lauter entstehen. Die imposante Vordere Quelle entspringt in einer Höhle, die von Sagen umwittert ist

Ausgangspunkt: Schlattstall, Ortsteil von Oberlenningen, an der Straße nach Gutenberg; Parkplätze oberhalb Gasthof Hirsch
Weglänge: 8 km (durchs Erdtal etwa 13 km)
Gehzeit: 2 bzw. 3 Stunden
Steigung: 250 m (300 m)
Wanderkarte: 1:50000, Blatt L 7522 Urach

Wir folgen der Markierung mit rotem Dreiblock und wandern durch den Wiesengrund talaufwärts. Angesichts des riesigen *Steinbruchs* geht es bald in den Wald und in angenehmem Schlendern durch das reizvolle Trockental.

Nach gut 1/2 Stunde weist die Beschilderung zum Aufstieg durch die Kleine Schrecke nach rechts, wo wir auf Zickzackpfaden den felsigen Talschluß erklimmen. Bei der markierten Weggabelung befinden wir uns unterhalb des Grabenstettener Heidengrabens, folgen jedoch dem Pfad nach links zum nahen *Schreckenfelsen* mit hübschem Blick übers Schlattstaller Tal nach Schopfloch.

Weiter dem Traufpfad folgend, kommen wir nach wenigen Minuten zur Abzweigung nach links über die *Große Schrecke.* Hier können wir über Treppen und auf Zickzackpfaden in den eindrucksvollen Felskessel absteigen und gemächlich auf dem Weg des Anstiegs wieder nach Schlattstall zurückwandern.

Wer die kleine Tour noch etwas aus-

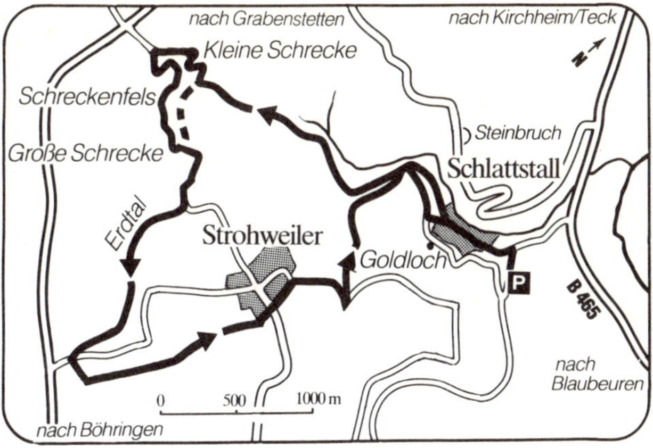

weiten möchte, folgt bei der Abzweigung weiter der gelben Markierung und erreicht nach halbstündiger Wanderung durch das *Erdtal* die Straße Grabenstetten-Böhringen. Hier folgen wir nicht scharf links dem Sträßchen, sondern halb links der Wegziffer 8 auf aussichtsreichem Weg nach *Strohweiler.* In der Ortsmitte und am Ortsrand weisen Schilder den Rückweg nach Schlattstall. Im Wald geht es auf breiter, bald auch steiler Steige in viertelstündigem Abstieg ins Tal.

Nun folgen wir der Beschilderung zum *Goldloch* nach rechts. Nach der größeren Quellschüttung der Schwarzen Lauter aus der Hinteren Quelle - die Weiße Lauter entspringt im nahen Gutenberg - passieren wir die imposante Vordere Quelle, die aus einer großen Höhle entspringt und von geheimnisvollen Sagen umwittert ist. Über einen reizvollen Spiel- und Rastplatz erreichen wir in wenigen Minuten den Ausgangsort der kleinen Wanderung, die sich vor der beliebten Einkehr in »Schloschl« anbietet.

Einkehrmöglichkeit:
Grabenstetten (Abstecher), Schlattstall

Bemerkung:
Im Schluchtbereich muß nach Regen mit glitschigen Wegverhältnissen gerechnet werden; Trittsicherheit und griffiges Schuhwerk sind erforderlich

42

Im Tal der Urlone

Die Lone war einstmals ein wasserreicher Fluß, der den gesamten oberen Neckarraum entwässerte

Ausgangspunkt: Gutenberg, an der Straße von Kirchheim nach Blaubeuren; Parkplatz am Ortsrand
Weglänge: 17 km
Gehzeit: 4 Stunden
Steigung: 500 m
Wanderkarte: 1:50 000, Blatt L 7522 Urach

Einkehrmöglichkeit: Donnstetten, Naturfreundehaus

Bemerkung: Der An- und Abstieg erfordert Trittsicherheit und Profilsohlen

Unmittelbar beim Beginn der Gutenberger Steige folgen wir der Oberen Mühlstraße zum *Sägewerk.* Hier gehen wir nach rechts, wo uns der rote Dreiblock nach links talaufwärts zum nahen *Lauterursprung* weist. Am rechtsseitigen Wiesenrand geht es auf schmalem Pfad waldaufwärts zur Straße. Wenige Meter unterhalb folgen wir unserem Zeichen auf imposantem Zickzackpfad durch den Felsenkessel zum Parkplatz auf der *Pfulb* (½ Std.). Hier gehen wir nicht auf dem direkten Weg zum Römerstein, sondern geradeaus auf dem Asphaltweg durchs ehemalige Tal der *Urlone.* Nach 20 Minuten folgen wir bei der Wegkreuzung der roten Raute und der Beschilderung »Donnstetten« nach rechts, beim Pavillon an der Waldecke gehen wir markierungsgemäß kurz rechts am Waldrand. *Achtung:* Dort, wo der Weg sich kurz danach nach rechts wendet, gehen wir das Wiesental aufwärts oder parallel im Wald. Der bald wieder markierte Weg führt uns über eine Wiese bergauf zu einem querlaufenden Fahrweg, der uns nach rechts

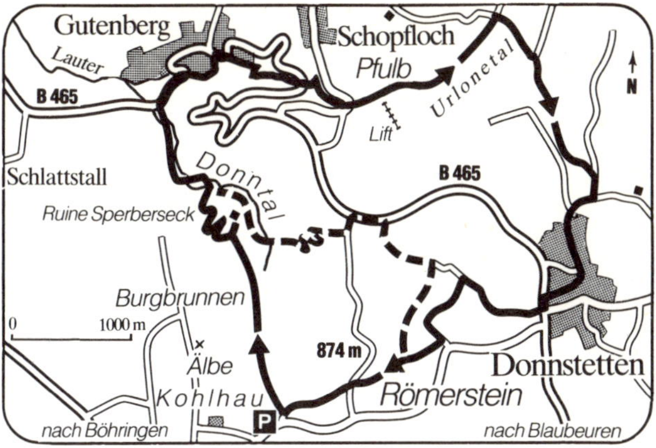

direkt nach *Donnstetten* bringt (knapp 2 Std.). Vor Rathaus und Kirche weist die Markierung zum Skilift und am Ende des Parkplatzes bergauf. Der wohlmarkierte Weg führt nach kurzer Walddurchquerung um eine Wiese herum bergauf zum *Römerstein* (3/4 Std.). Die Rundsicht vom Turm auf dem höchsten Berg der Mittleren Alb ist sehr eindrucksvoll und reicht bei klarem Wetter bis zu den Alpen.

Nun folgen wir der Markierung mit gelbem Dreieck Richtung Böhringen, überqueren bald die Straße und kommen nach etwa 1/4 Stunde zum *Wanderparkplatz Kohlhau.* Das gelbe Dreieck führt uns nun auf dem Asphaltweg nach rechts zum Wald und zur *Ruine Sperberseck* mit hübschem Blick übers Donntal zum Römerstein (3/4 Std.). Nun müssen wir wenige Schritte zurückgehen und folgen dann den Zickzackpfaden ins *Donntal.* Durch den lieblichen Talgrund schlendern wir zur Straße und auf dieser nach rechts in wenigen Minuten zum Ausgangspunkt zurück (1 1/2 Std. seit Römerstein).

Urlone:
Ehemalige Entwässerung des gesamten oberen Neckarraums ins Tertiärmeer, später zur Ur-Donau bzw. Ur-Brenz

Sperberseck:
Unterhalb der von einem Burggraben umgebenen Ruine aus dem 12. Jahrhundert befindet sich die 150 m lange Mondmilchhöhle

43

Familienwanderung zum Reußenstein und Heimenstein

Eine wenig anstrengende Tour auf der Kirchheimer Alb mit gemütlichen Einkehren am Weg

Ausgangspunkt: Schopfloch, Abstecher von der Straße Kirchheim – Blaubeuren, Zufahrt auch von Wiesensteig (Albstraße) oder Weilheim
Weglänge: 17 km
Gehzeit: 4 Stunden
Steigung: 280 m
Wanderkarte: 1:50 000, Blatt L 7522 Urach

Einkehrmöglichkeit: Berghaus, Harpprechthaus, Reußensteiner Hof, Otto-Hoffmeister-Haus (Abstecher), Schopfloch

Wir folgen in Schopfloch der roten Raute zum *Wanderparkplatz Berg,* der sich auch als Ausgangspunkt anbietet. Am nahen *Harpprechthaus* vorbei kommen wir ins Hochtal der ehemaligen *Urlone.* Bei der beschilderten Wegkreuzung folgen wir der Markierung zum »Bahnhöfle-Filsursprung« nach links und wechseln nach etwa 10 Minuten, der Ziffer 11 folgend, zum jenseitigen Waldrand. Hier leitet uns die rote Raute am Hang entlang und durch das hübsche Wiesengelände zur markanten Wegkreuzung beim *Grauen Stein* (etwa 1 Std.). Von der Wegziffer 1 und der roten Raute geführt, kommen wir in leichtem Waldanstieg in ½ Stunde zum Parkplatz und halbrechts zum bereits sichtbaren *Reußensteiner Hof.*

Auf gut markiertem Traufpfad wandern wir nun nach links in ¼ Stunde zur trutzigen *Burgruine Reußenstein* mit Prachtblick übers Neidlinger Becken. An den vorgelagerten Felstürmen üben an den Wochenenden Kletterer. Nach weiteren Aussichtsfelsen mit schönem Blick auf die

Burg, führt uns der Weg zur nahen Straße. Unmittelbar davor folgen wir dem roten Dreieck nach rechts und kommen durch den Traufwald in 20 Minuten zum Park- und Rastplatz beim sogenannten *»Bahnhöfle«*. Nach rechts gehend, vertauschen wir den breiten Weg bald mit dem markierten Traufpfad, der uns in 20 Minuten zur ehemaligen *Burg Heimenstein* führt, die einen prächtigen Blick zum gegenüberliegenden Reußenstein bietet. Direkt unter dem Burgfelsen befindet sich die gleichnamige Höhle, die einst als Zufluchtsstätte genutzt wurde. Kurz danach kommen wir zu einer nochmals aussichtsreichen Rasthütte, unmittelbar danach zu einem breiten Weg. Die rote Raute und die Ziffer 5 führen uns beim Quiekereck aus dem Wald. Beim Parkplatz folgen wir der Wegziffer 12 nach links bergan und auf befestigtem Feldweg über die Höhe. Nach Überqueren des Sträßchens steigen wir nochmals leicht bergan und erreichen, ohne fehlgehen zu können, den längst sichtbaren Ausgangsort (3/4 Std. seit Quiekereck).

Bemerkung:
Beim Quiekereck empfiehlt sich der kleine Abstecher zum Otto-Hoffmeister-Haus, wo das idyllische Hochmoor liegt. Bis auf kurze Strecken im Bereich Reußenstein - Heimenstein ist der Weg so angenehm, daß er auch mit Kinderwagen begehbar ist

Ruine Heimenstein:
Soll der Sage nach das Domizil des Riesen Heim gewesen sein, der die Burg Reußenstein erbaut haben soll

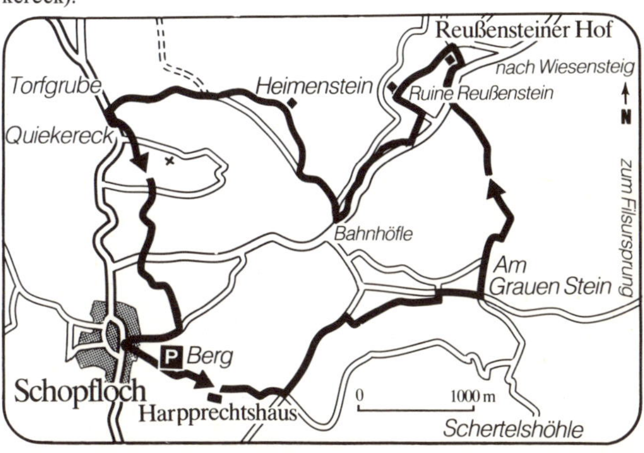

44

Zwischen Münsinger Alb und Lutherischen Bergen

Beschauliche Tageswanderung durch sieben Schluchten und Täler zu reizenden Waldspielplätzen und ländlichen Einkehren

Ausgangspunkt: Hütten im Schmiechtal, zwischen Schelklingen und Münsingen
Weglänge: 20 km
Gehzeit: 4½ Stunden
Steigung: 330 m
Wanderkarte: 1:50000, Blatt L 7722 Munderkingen

Einkehrmöglichkeit: Mehrstetten, Sondernach, Hütten

Bemerkung: Selbstverständlich läßt sich die Tour auch in Mehrstetten oder auf dem Waldparkplatz im Mühltal (bei der Abzweigung ins Buchtal) beginnen

Beim *Gasthaus Bären* verlassen wir den Ort und folgen der Straße Richtung Laichingen. Schon bei der ersten Kehre führt uns die mehrfache Beschilderung nach links ins schluchtartige *Bärental.* Nach etwa 20 Minuten passieren wir die Bärenhütte. Bei gelegentlicher Markierung mit gelbem Dreieck geht es weiter geradeaus durch das nun fast ebene Hochtal in Richtung Magolsheim. Nach Waldaustritt führen verschiedene örtliche Rundwanderzeichen zu einem nahen Betonweg. Wir überqueren ihn gemäß der Beschilderung »Buchtalhütte« mit gelbem Dreiblock.

Auf der höchsten Erhebung weisen uns nun Schilder nach links, zwischen dem Wald und dem Truppenübungsplatz talabwärts ins *Buchtal* (insgesamt 1 Std.) Bei der Buchtalhütte passieren wir nach etwa 20 Minuten einen ausgedehnten und hübsch gelegenen Rast- und Waldspielplatz und kommen nach einer weiteren Viertelstunde zu einem *Parkplatz im Mühltal.* Hier folgen wir der Straße etwa 50 Meter nach rechts und schlendern dann, der örtlichen Wegziffer 1 folgend, nach links durchs *Böttental.* Bei Austritt aus dem Wald - nach etwa ½ Stunde - gehen wir auf dem mehrfach markierten Feldweg nach links bergauf und am *Sportplatz* vorbei nach *Mehrstetten* (gut 2 Std. seit Hütten).

Beim *Gasthaus Hirsch* verlassen wir den hochgelegenen Ort durch die Hirschstraße. 200 Meter nach dem Umspannwerk folgen wir dem Weg kurz nach rechts, gehen nach 50 Metern wieder nach links und dann abwärts an der Kläranlage vorbei durchs *Banntal.* Nach ½ Stunde erreichen wir das waldreiche *Heutal.* Hier schlendern wir zunächst auf der linken Talseite - bei nassem Wetter jedoch lieber gleich jenseits - der weitgehend stillgelegten Bahnlinie entlang.

Nach 20 Minuten wechseln wir auf den mit rotem Dreieck markierten breiten Talweg, passieren nach ¾ Stunden *Sondernach* und erreichen nach einer weiteren ½ Stunde wieder den Ausgangsort der strammen Tour.

Hütten:
Schon im 13. Jahrhundert genannt, liegt reizvoll im hübschen Schmiechtal. Die steile Felsschlucht des nahen Bärentals gilt als eine der schönsten der Alb. In den Höhlen der Schlucht fand man Reste aus der Steinzeit. Sehenswert ist auch der Quelltopf der Schmiech im nahen Springen

45

Imposante Felsschlucht im Bärental

Zu zwei Burgruinen und einem Schloß führt die vielfach einsame Tal- und Höhenwanderung entlang den Lutherischen Bergen

Ausgangspunkt: Hütten, im Schmiechtal, zwischen Schelklingen und Münsingen, Parkplatz im Talgrund
Weglänge: 17 km
Gehzeit: 4 Stunden
Steigung: 250 m
Wanderkarten: 1:50000, Blätter L 7722 Munderkingen und L 7724 Ulm

Einkehrmöglichkeit: Justingen, Talsteußlingen (mittwochs geschl.), Hütten

Bemerkung: Der Weg ist an heißen Tagen nicht zu empfehlen. Abkürzung über die Ziegelhütte, sowie durch das Mauental

Wir verlassen den Ort auf der Straße nach Laichingen. Bei der ersten Kehre geht es geradeaus durchs *Bärental.* Am *Eulenloch* vorbei steigen wir durch eine der schönsten Felsschluchten der Alb in 20 Minuten zur *Bärenhütte* auf. Die rote Raute und die örtliche Ziffer 3 mit dem Fuchs führen uns auf angenehmem Pfad nach rechts in 20 Minuten zur *Ruine Hohenjustingen,* einer im 19. Jahrhundert verfallenen Felsenburg aus dem 11. Jahrhundert. Der Beschilderung gemäß schlendern wir nun auf dem Schloßweg zur kleinen *Schloßkapelle* auf der freien Hochfläche und am Sportplatz vorbei nach *Justingen* (1¼ Std. seit Hütten). Nach der stattlichen Kirche folgen wir der roten Raute durch die Weite Straße nach links, gehen nach 200 Metern Richtung Wanderparkplatz und bei der nächsten Kreuzung nach rechts aus dem Ort. Hier führt der rote Dreiblock in Richtung Muschenwang. Zunächst gehen wir ¼ Stunde schnurgerade über die Hochfläche, dann am Waldeck nach rechts über die Straße. *Ach-*

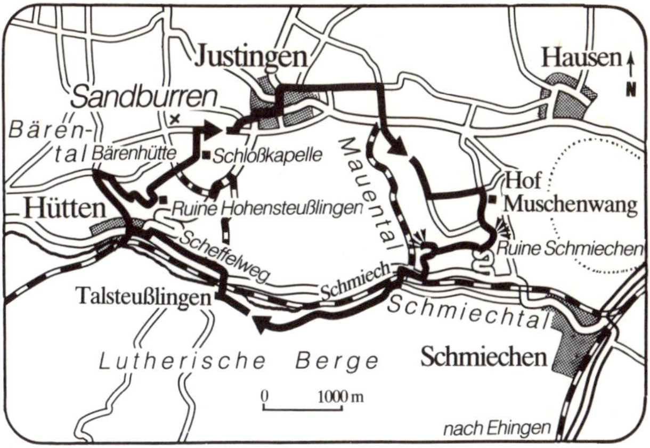

tung: Ab hier bedarf die Wegführung bis ins Tal unserer besonderen Aufmerksamkeit. In schattiger Waldwanderung geht es markierungsgemäß geradeaus, nach ¼ Stunde nach links am Waldrand entlang zum einsamen Hof *Muschenwang* (¾ Std. seit Justingen). Ab hier führt uns das rote Dreieck bis Hütten!

Nach ¼ Stunde passieren wir die *Ruine Schmiechen* oder *Muschenwang* mit hübschem Grillplatz und schönem Blick ins Schelklinger Becken. Dann geht es eben nach rechts, wo sich nach einer weiteren Viertelstunde - unmittelbar vor dem Abstieg - 100 Meter rechter Hand ein Aussichtsfelsen mit Blick ins Schmiechtal verbirgt.

Auf Zickzackpfaden erreichen wir nach wiederum ¼ Stunde das Tal, überqueren Straße, Bach und Bahn und schlendern nun mit viel Wandergenuß talaufwärts. Im Weiler *Talsteußlingen* wechseln wir zur anderen Talseite und erreichen im Waldrand auf dem »Scheffelweg« nach einer weiteren Viertelstunde den Ausgangsort.

Justingen:
Sehenswerte Pfarrkirche, erste Gemeinde der Alb mit eigener Wasserversorgung (1869).

Ruine Schmiechen:
Auch Muschenwang (13. Jh.) wechselte früh von den Grafen von Schelklingen in den Besitz des Klosters Urspring

Schloß Neusteußlingen:
Im 16. Jh. an Stelle einer mittelalterlichen Burg erbaut; ehemals Sitz der Vogtei der in den Lutherischen Bergen in Diaspora lebenden Reformierten

46

Viertälerwanderung auf der Blaubeurer Alb

Eine Wanderung für Naturfreunde, aber auch der Kunstinteressierte kommt auf seine Kosten

Ausgangspunkt: Schelklingen, südwestlich von Blaubeuren
Weglänge: 17 km
Gehzeit: 4 Stunden
Steigung: 330 m
Wanderkarten: 1:50 000, Blätter L 7524 Blaubeuren und L 7724 Ulm

Einkehrmöglichkeit: Hausen, Schelklingen

Bemerkung: Da ¾ des Weges im Wald verlaufen, ist die Tour auch im Sommer durchführbar. Wie aus der Beschreibung ersichtlich, bedarf es dabei einiger Achtsamkeit

Bei der *Kirche* folgen wir der Schulstraße zu einer Kreuzung, dort weist ein Schild zu den Sportplätzen. Im *Längental* treffen wir nach ½ Stunde unseren mit rotem Dreieck markierten Wanderweg. Kurz danach verlassen wir das nach links abbiegende Sträßchen und folgen dem markierten Weg am Waldrand entlang. *Achtung:* Nach etwa 100 Metern beim Schild »Tiefental-Seißen« nicht nach rechts, sondern links auf dem Grasweg zur nahen Waldspitze gehen. Der hier schlecht markierte Weg führt am Waldrand bergab, in der Waldecke als Pfad nach rechts und auf dem Schotterweg 150 Meter nach links. Fast nicht erkennbar, geht es hier links auf schmalem Pfad waldabwärts ins Naturschutzgebiet des *Tiefentals* (1 Std.). Wir schlendern nun fast ¾ Stunden nach links durch das hübsche Waldtal, bis sich beim Schild »I 28 Erbishalde« das Tal gabelt. Wir wandern nun ohne Markierung weitere ¾ Stunden nach links durch das stille *Erbsental* zur freien Hochfläche. Auf dem Betonweg gehen wir dort etwa 15 Minuten nach links, dann nach rechts ins längst sichtbare Dorf *Hausen.* Hier folgen wir der Straße nach Schelklingen nach rechts zur nahen Umgehungsstraße. Am Gatter der Viehweide weist die rote Raute den Weg am Waldrand entlang. *Achtung:* Im Waldeck nicht in den Wald, sondern weiterhin am Waldrand entlang nach rechts gehen, wo an der tiefsten Stelle der markierte Weg nach links in den Wald tritt. Bald treffen wir auf eine Kreuzung und folgen der Markierung nach links waldabwärts Richtung Urspring. Der Abstieg durch die Klosterhalde ist im Frühjahr von zahlreichen Türkenbundblüten und Waldvögelein gesäumt (beide geschützt!)

Bei der einstigen *Klosteranlage* treten wir aus dem Wald und gehen zwischen den Gebäuden nach rechts zum *Quelltopf der Ach.* Zwischen Bach und Schulsportplatz kommen wir zum nahen *Lützelberg,* den wir rechts oder links auf ebenem Weg umwandern. Beide Wege führen direkt nach Schelklingen (etwa 1 Std. seit Hausen).

Schelklingen:
Schon in der Bronze- und Keltenzeit bewohnt, 1184 erstmals genannt, um 1300 Stadt, vom 14. Jh. bis 1805 österreichisch. Sehenswert: Burg, alte Herrenhäuser, im Friedhof St.-Afra-Kapelle mit bedeutenden Fresken

Urspring:
Ab 1127 Benediktinerinnenkloster; nach wechselvoller Geschichte und vielfacher Zerstörung heute restauriert (evangelisches Internat)

47

Blaubeuren – reich an Natur und Kultur

Mit seinem Kloster, dem Museum, dem Ortskern und dem Blautopf lohnt die Stadt allein schon einen Besuch. Die eindrucksvolle Wanderung ergänzt das Erlebnis

Ausgangspunkt: Bahnhof Blaubeuren
Weglänge: 16 km
Gehzeit: 4 Stunden
Steigung: 350 m
Wanderkarte: 1:50 000, Blatt L 7524 Blaubeuren

Einkehrmöglichkeit: Seißen und Sonderbuch

Blautopf: Der 22 Meter tiefe trichterförmige Quelltopf hat eine durchschnittliche Schüttung von 2000 l pro Sekunde

Vom Bahnhof *Blaubeuren* folgen wir der Straße in Richtung Schelklingen bis kurz vor dem Raiffeisen-Lagerhaus. Hier führt der mit rotem Dreieck markierte Wanderpfad waldaufwärts zum imposanten *Felsenlabyrinth* (20 Min.).

Durch ein Felstor passieren wir dann die sogenannte »Küssende Sau«, zwei ihren Namen zu Recht tragende Felsen, und erreichen anschließend in ¼ Stunde bequem die freie Hochfläche und linker Hand die aussichtsreiche Ruine der ehemaligen *Günzelburg.* Links am Waldrand kommen wir zum nahen Wachtfels mit gleichfalls prächtigem Talblick.

Die rote Dreiecksmarkierung führt indes schon vorher auf gutem Feldweg über die Hochfläche. Nach Durchquerung eines Waldstücks geht es scharf nach rechts auf den Kirchturm des längst sichtbaren Dorfs *Seißen* zu, das wir nach insgesamt 1¼ Stunden erreichen. Wir durchqueren den blumengeschmückten Ort, halten uns bei den letzten Häusern rechts und folgen dem Blaubeurer Weg am

Friedhof vorbei Richtung Skilift. Am Wald passieren wir einen Spiel- und Rastplatz, überqueren bei der Skihütte die Piste und steigen auf gut markiertem Weg durch den Wald ab.

Vom gelben Dreieck geführt, geht es über die Straße und steil waldaufwärts in wenigen Minuten zur Hochfläche. Am Waldrand führt nach etwa 10 Minuten ein kurzer Abstecher zum imposanten *Blaufelsen* mit Prachtblick über die Stadt. Nun steigen wir wieder die 300 Meter bergan und erreichen auf schattigem Traufpfad den hübschen Grill- und Rastplatz beim »Landsitzle«. Nach dem *Segelflugplatz* überqueren wir die Straße am Ortseingang von *Sonderbuch* (1¼ Std. seit Seißen).

In Fünf-Minuten-Abständen passieren wir am Trauf die Aussichtskanzeln beim Kriegerdenkmal, beim Knoblauchfelsen und auf dem Rusenschloß. Auf schmalem pfad geht es ins Tal und über einen Steg am Bahnkörper entlang zum Ausgangspunkt beim Bahnhof Blaubeuren zurück (¾ Std.).

Blaubeuren:
Dank der neuen Umgehungsstraße kann man nun ungestört die historische Altstadt besichtigen. Neben dem Klosterbezirk verdienen innerhalb der Stadtmauer die vielen Fachwerkhäuser, das Rathaus, der Marktbrunnen und vor allem die spätgotische Stadtkirche besondere Beachtung. Mit ihrem herrlichen Hochaltar und Werken von Erhart, Syrlin und Zeitblohm ist die spätgotische Klosterkirche eine besondere Sehenswürdigkeit

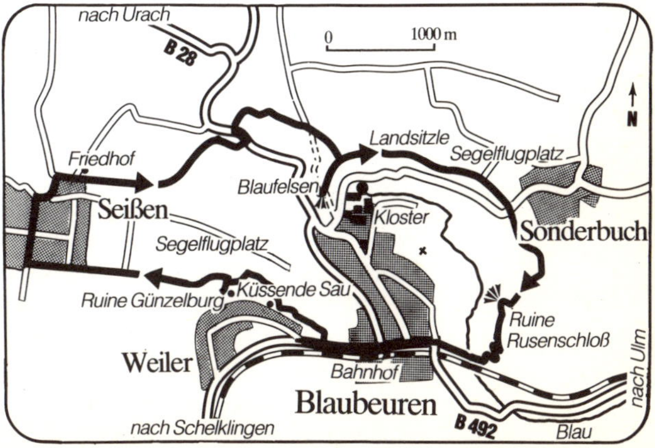

48

Fern vom Verkehrslärm durchs Kiesental zur Lauterquelle

Hübsche Aussichten, erbauliche Waldstrecken, ein liebliches Trockental, ein Quelltopf und viele Felsen bestimmen den Eindruck der Tour

Ausgangspunkt: Herrlingen, Ortsteil der Gemeinde Lauterstein, zwischen Ulm und Blaubeuren; Parkplatz beim Bahnhof
Weglänge: 18 km
Gehzeit: 4 Stunden
Steigung: 200 m
Wanderkarte: 1:50000, Blatt L 7524 Blaubeuren

Einkehrmöglichkeit: Weidach, Weidacher Hütte (an Wochenenden), Lautern

In Ortsmitte beim *Hotel Kreuz* folgen wir der Hauptstraße und der Bergstraße an der Post vorbei in Richtung Weidach. Beim Haus Nr. 18 leitet uns die Markierung mit roter Raute über eine Treppe aus dem Ort und auf Zickzackpfad über den Wacholderhang zum *Fernsehumsetzer* auf der freien Höhe, mit schönem Blick übers Blautal zum Ulmer Münster.

Der bezeichnete Pfad führt uns nun leicht bergab, nahe der Straße nach rechts und nach 200 Metern auf der Höhe wieder nach links zum Wald. Nach seiner Durchquerung passieren wir nach den Tennisplätzen einen hübschen Grill- und Rastplatz. *Achtung:* Hier rechts am und im Waldrand dem Zeichen folgen, das bei der Scheune am Ortsrand zwei verschiedene Wege markiert. Auch hier halten wir uns rechts, zusätzlich leitet uns die Wegziffer 10 am Waldrand entlang bald unvermittelt waldabwärts ins idyllische Kiesental (1¼ Std.). Fortan vom roten Dreiblock geführt, gehen wir an den *Bollinger Steinbrüchen* vorbei kurz auf dem Sträßchen, dann durch das flache Hochtal. Die durchgehend gute Markierung führt nun geradewegs durch den Hochwald zur *Weidacher Hütte.* Wer nicht einzukehren beabsichtigt, folgt weiter geradeaus dem bezeichneten Weg zum *Hofgut Hohenstein,* das wir nach Waldaustritt auf dem Feldweg am Sportplatz entlang nach insgesamt 2½ Stunden erreichen. Im Hof führt nach dem rechter Hand liegenden Wohnhaus ein Pfad kaum 50 Meter am Stall vorbei zu einem Felsen mit herrlichem Tiefblick auf Lautern.

Unmittelbar beim Stall führt auch der markierte Pfad talwärts, der uns - zuletzt als Kniebrecher - in wenigen Minuten zur *Lauterquelle* hinabführt. An der hübschen Kirche vorbei gehen wir auf der Straße aus dem Ort. Beim Masten 7 gehen wir über die Brücke Richtung Wippingen, beim nahen Waldparkplatz folgen wir nach links dem schattigen Weg am Bach entlang. Bei reizvoller Landschaft schlendern wir in 1 Stunde entlang der Lauter zum Ausgangspunkt zurück.

Bemerkung:
Dank der geringen Steigung und der schattigen Waldstrecken läßt sich die reizvolle Wanderung auch an warmen Tagen durchführen

Herrlingen:
Funde aus der Bronzezeit belegen frühe Besiedlung; auf dem Friedhof Grab von Generalfeldmarschall Rommel

Lautern:
Malerisches Kirchlein von 1225 mit romanischem Turm und gotischem Schiff, Schnitzaltar von 1509, Taufstein und Tabernakel aus dem 16. Jahrhundert

Register